DELIUS KLASING

SEGELTRIMM

EINFACH SCHNELLER SEIN

Delius Klasing Verlag

Die niederländische Originalausgabe mit dem Titel
»ANWB Zeiltrim, voor open boten en kajuitjachten«
erschien 2002 bei ANWB BV, Den Haag.

Bibliografische Information Der Deutschen Bibliothek
Die Deutsche Bibliothek verzeichnet diese Publikation in der
Deutschen Nationalbibliografie; detaillierte bibliografische
Daten sind im Internet über »http://dnb.ddb.de« abrufbar.

1. Auflage
ISBN 3-7688-1536-6
Die Rechte für die deutsche Ausgabe liegen beim Verlag
Delius, Klasing & Co. KG, Bielefeld

Aus dem Niederländischen von Dr. Jochen Zinke
Text: Eelco Piena
Zeichnungen: Piet van Doesburg
Fotos: Titelbild: Ben Andersch; Seiten 40, 89(2), 93 und 104:
H.-G. Kiesel; alle übrigen: Arnold van West
Layout: Karin Buschhorn
Umschlaggestaltung: Ekkehard Schonart
Druck: Bentrup Druckdienste, Bielefeld
Printed in Germany 2004

Delius Klasing Verlag, Siekerwall 21, D - 33602 Bielefeld
Tel.: 0521/559-0, Fax: 0521/559-115
E-Mail: info@delius-klasing.de
www.delius-klasing.de

Inhalt

Einleitung

Segeltrimm ist nicht nur eine Sache für Regattafreaks. Immer mehr Fahrtensegler befassen sich mit Trimmtechniken, weil sie schneller und sicherer segeln wollen.

In diesem Buch wird das Thema Trimmen leicht verständlich dargeboten: Praxisnah werden Fragen beantwortet, was an Segeln und Rigg verändert werden kann, um den Wind aerodynamisch optimal zu nutzen. Für viele Segler steigert sich damit auch der Segelspaß. Es geht hier also um Kniffe und Tricks des korrekten Segeltrimms unter verschiedenen Wetterbedingungen. Es gibt jedoch kein allgemein gültiges Rezept, das ausnahmslos auf Booten mit ihren unterschiedlichen Riggs angewendet werden könnte, jedes Boot muss individuell getrimmt werden. Doch es gibt bestimmte Trimmprinzipien für die optimale Nutzung der Segel. Diese werden im Folgenden anschaulich beschrieben.

Aufmerksamkeit beim Segeltrimm.

1 Etwas Segelphysik zum Einstieg

Obwohl dies ein Buch für die Praxis ist, soll für das grundlegende Verständnis des Segeltrimms ein wenig Theorie vorausgehen, ohne dabei jedoch zu wissenschaftlich und trocken zu werden. In diesem Kapitel wird daher einleitend über Vektoren, Luftströmungen, Flügelprofile und die Wirkung des Kiels berichtet.

1.1 Vektoren stellen gerichtete Größen dar

Auf Wetterkarten im Fernsehen sehen wir den Wind durch Pfeile symbolisiert. Die Pfeile geben die Richtung an, aus welcher der Wind weht oder zukünftig wehen soll. Auch in

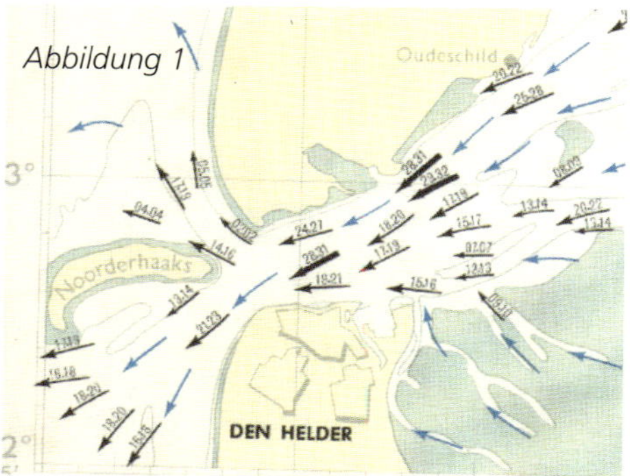

Ausschnitt aus einem Gezeitenstromatlas.

Stromatlanten (Abbildung 1) wird die Richtung vom Flut- und Ebbstrom mit Pfeilen markiert; die Stärke der Pfeile ist dabei ein Maß für die Geschwindigkeit des Stroms an einem bestimmten Ort zu einer bestimmten Zeit. Wenn also veranschaulicht werden soll, wie der Wind auf die Segel eines Schiffes wirkt, können Pfeile bzw. Vektoren als mathematische Darstellung von Kräften sehr nützlich sein: Eine physikalische Größe (Kraft, Schwerkraft, Geschwindigkeit, Windstärke, Druck usw.) besitzt eine Richtung, eine Stärke sowie einen Angriffspunkt und kann durch einen Vektor mit entsprechender Richtung und Länge in einem bestimmten Maßstab dargestellt werden (Abbildung 2). Die Linie längs derer ein Vektor gezeichnet wird, heißt Wirklinie.

Wirken an einem Angriffspunkt, etwa an einem Segel, mehrere Kräfte, können diese vektoriell als einzelne Komponenten dargestellt werden. Die resultierende Gesamtkraft von zwei Vektoren F1 und F2 (Abbildung 3) wird durch das Parallelogramm ABCD dargestellt. Die Resultierende Fr erscheint dann als Vektor AC, als Diagonale des Parallelogramms. Zeichnerisch können Sie diese Resultierende auch finden, indem Sie den Vektor F2 parallel verschieben, sodass sein Anfangspunkt mit dem Endpunkt von F1 zusammenfällt. Umgekehrt kann natürlich auch der

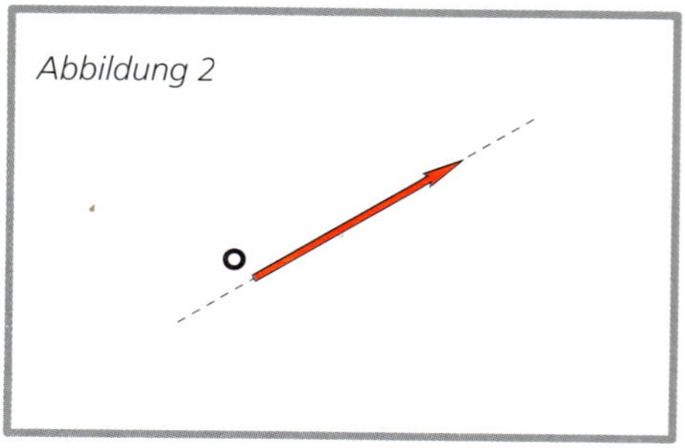

Ein Vektor und seine Wirklinie.

Abbildung 3

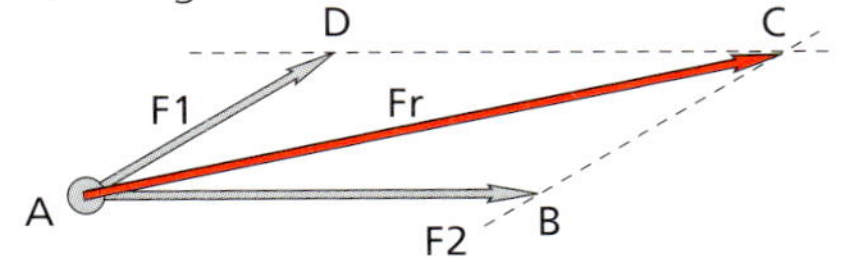

Fr ist die resultierende Gesamtkraft von F1 und F2.

Anfangspunkt von F1 zum Endpunkt von F2 verschoben werden. Gilt es, aus mehr als zwei Vektoren eine Gesamtkraft darzustellen, verschiebt man die Vektoren nacheinander parallel an die Endpunkte der jeweils entstehenden Resultierenden (Abbildung 4).

Abbildung 4

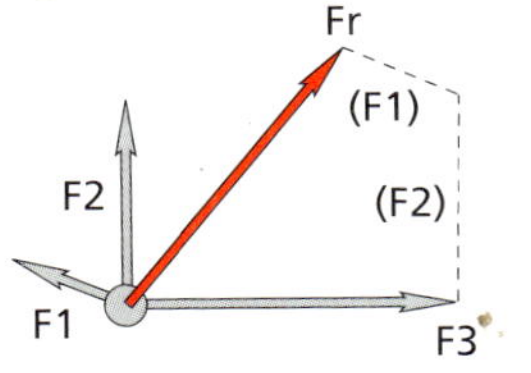

Fr ist die resultierende Gesamtkraft dreier Vektoren.

Weisen zwei Vektoren exakt in die gleiche Richtung, ergibt sich die Gesamtkraft aus der Summe ihrer Komponenten. Die Einzelkräfte werden auf der Wirklinie addiert. Arbeiten andererseits zwei Kräfte genau gegeneinander, so ergibt sich die Resultierende aus der Differenz der Vektoren.

Man kann eine Gesamtkraft in zwei oder mehr Vektoren zerlegen. Abbildung 5 zeigt beispielsweise, dass die beiden Vektoren F1 und F2 die gleiche Kraft ausüben wie die Vektoren f1, f2 und f3. Eine Resultierende wird in zwei Vektoren zerlegt, deren Größe man durch die Konstruktion eines Parallelogramms findet. Dabei muss man entweder einen Winkel der beiden Vektoren zueinander kennen oder deren Wirklinien (Abbildung 6). Auch kann die Zerlegung der Kraft F in zwei Komponenten erfolgen, von denen eine mit Größe und Richtung bekannt ist. Dargestellt in Abbildung 7, wo F1 der vorgegebene Vektor ist. F2 ergibt sich wieder über das Parallelogramm.

1.2 Segel als Tragfläche

1738 entdeckte der Physiker Daniel Bernoulli einen Zusammenhang zwischen Geschwindigkeit und Druck bei Flüssigkeiten und Gasen bis zur Schallgeschwindigkeit (auch Luft ist ein

Abbildung 5

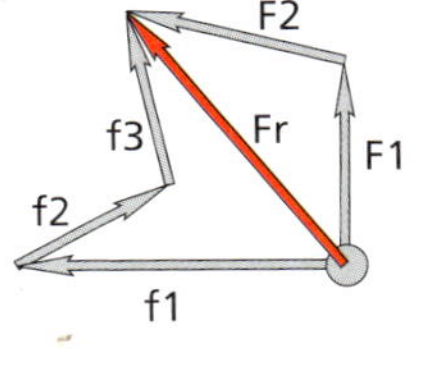

Eine Gesamtkraft (Fr) kann sich unterschiedlich zusammensetzen.

Abbildung 6

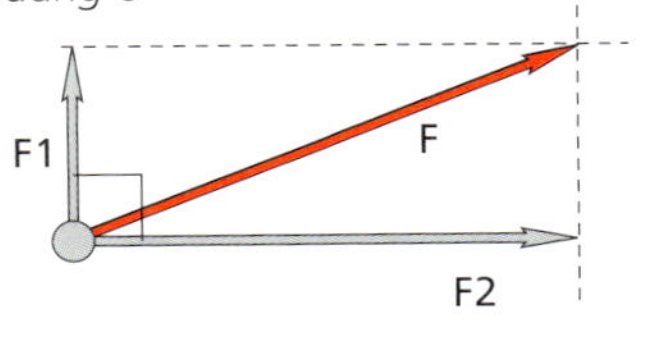

Zerlegung einer Resultierenden (F) in zwei Vektoren F1 und F2.

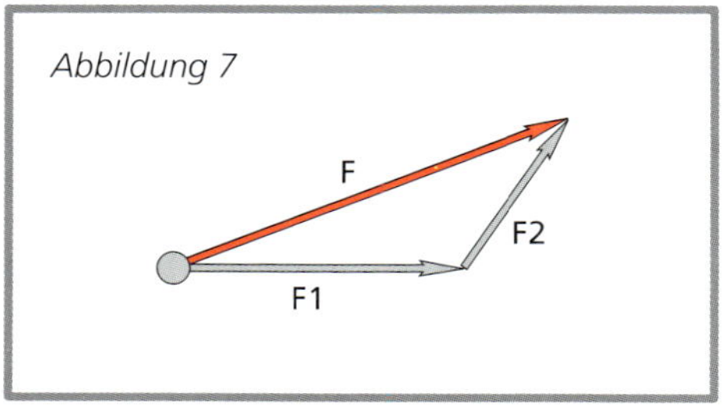

Zerlegung einer Resultierenden (F), wobei ein Vektor (F1 oder F2) bekannt ist.

Gas). Seine Theorie beschreibt, dass der Druck in einer Strömung sinkt, wenn deren Geschwindigkeit zunimmt und umgekehrt: Nimmt die Geschwindigkeit eines Gases oder einer Flüssigkeit ab, steigt der Druck in der Strömung.
Bei einem Flugzeugflügel (Abbildung 8) wird das physikalische Prinzip des Unterdrucks genutzt: Die Oberseite einer Tragfläche weist eine stärkere Rundung auf als ihre Unterseite. Beim Fliegen wird der Luftstrom vorn am Flügel geteilt. Beide Ströme gleiten am Profil entlang, wobei die Luft an der gekrümmten Oberseite einen deutlich längeren Weg vor sich hat als die Luft an der Unterseite. Die Luftteilchen des oberen Stroms müssen eine

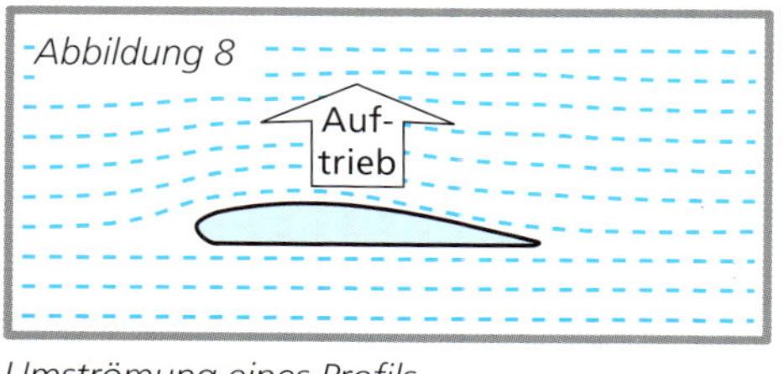

Umströmung eines Profils.

größere Geschwindigkeit entwickeln, um gleichzeitig mit der unteren Luftmasse die Hinterkante des Flügels zu erreichen. Nach Bernoullis Gesetz bedeutet die höhere Geschwindigkeit der Luftteilchen an der Oberseite der Tragfläche, dass der Luftdruck dort geringer ist als der an der Unterseite. Es entsteht also ein Unterdruck. Dieser relative Druckunterschied ermöglicht den Auftrieb eines Flugzeuges – es fliegt.

1.3 Am Wind segeln

Das Prinzip des Unterdrucks wird auch beim Segeln genutzt, um vorwärts zu kommen: An der Leeseite des Segels muss die Luft wie an der Oberseite eines Tragflügels einen längeren Weg zurücklegen als in Luv, sodass in Lee ein Unterdruck entsteht, und Segelboote den Wind als Antrieb nutzen können. Dass Segelboote dabei hoch an den Wind gehen können, verdanken sie vor allem dem Unterwasserschiff. Durch die Form von Kiel (Schwert)

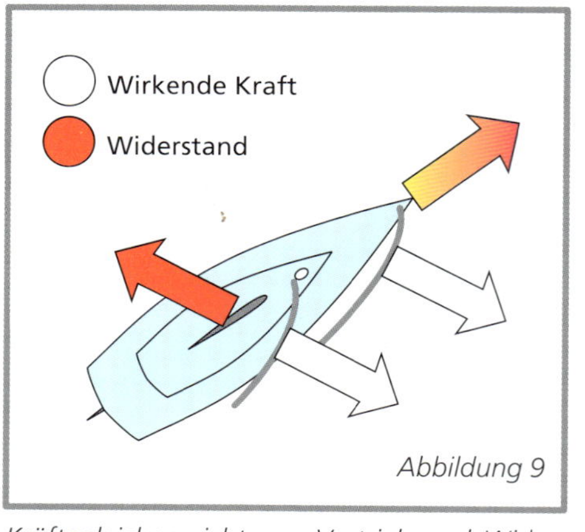

Kräftegleichgewicht von Vortrieb und Widerstand.

und Ruder können die auf das Segel einwirkenden Querkräfte in eine Vorwärtsbewegung umgewandelt werden (Abbildung 9). Während ein Flugzeug also vollständig in den

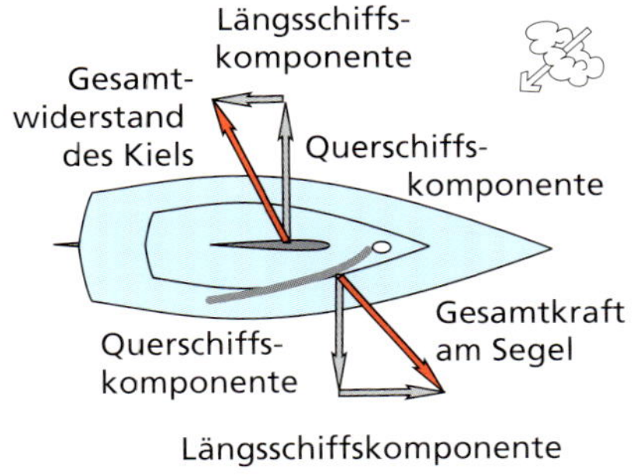

Segelkräfte am Wind.

Luftstrom eintaucht und dadurch seinen Auftrieb erhält, bewirken bei Booten Segel und Unterwasserschiff zusammen den Vortrieb. Kiel und Ruder sind demnach für das Vorwärtssegeln wichtig, denn ihre hydrodynamischen Seitenkräfte wirken der unerwünschten Abdrift entgegen, bzw. halten sie gering. In Abbildung 10 sind die Kräfte zerlegt, die beim Segeln wirken. Dieses Vektordiagramm zeigt die auftretenden aerodynamischen und hydrodynamischen Kräfte, die erreicht werden müssen, um mit gleichmäßiger Geschwindigkeit am Wind segeln zu können.

Betrachtet man die Länge des Pfeils als das Maß der Kraft, die in Pfeilrichtung wirksam ist, sehen wir, dass ein Großteil der Windenergie als Querkraft am Segel entsteht, der dem Widerstand des Kiels entgegenwirkt. Relativ gering dagegen ist der Anteil einer in Fahrtrichtung wirkenden Kraft, der so genannten Vortriebskraft. Es genügt demnach wenig von einer nach achtern gerichteten Kraft (Widerstand), um die Vortriebskraft zu verringern.

Beim Segeln am Wind streben Segler also danach, den Vortriebsvektor zu verlängern und den Widerstandsvektor zu verkleinern.

1.4 Eigenschaften von Luftströmungen

Um das aerodynamische Einmaleins in der Segelpraxis unter verschiedenen Bedingungen anwenden zu können, hier ein Blick auf einige grundlegende Eigenschaften von Luftströmungen:

1. Ein freier, ungestörter Luftstrom bewegt sich aufgrund seiner Trägheit geradlinig fort.
2. Bei Windgeschwindigkeit unter 126 Knoten (233 km/h) wird Luft als nicht kompressibel angesehen. Mit anderen Worten: Das Volumen der Luft ist für Segler konstant.
3. Die Geschwindigkeit eines Luftstroms nimmt zu, wenn er durch eine Verengung gezwungen wird (Venturi-Effekt).
4. Bewegte Luft hat eine geringe Viskosität, eine Art klebrige Zähigkeit. Das heißt, eine extrem dünne Luftschicht des Luftstroms bleibt an der Oberfläche des Segels hängen, sie steht still. Diese dünne Schicht nennen Aerodynamiker Grenzschicht.
5. Obwohl sich der Luftstrom prinzipiell geradlinig bewegt, zwingt ihn seine Viskosität dazu, sich einer gebogenen Oberfläche anzupassen. Wenn nämlich ein Profil, bzw. ein Segel einen zu abrupten Verlauf aufweist oder für die herrschende Windgeschwindigkeit einen zu scharfen Knick zeigt, wird sich der Luftstrom vom Segel lösen und versuchen, in eine geradlinige Bahn zurückzukehren. Dies löst Turbulenzen aus.
6. Die Trägheit und die Viskosität eines Luftstroms stehen zur Windgeschwindigkeit im jeweils umgekehrten Verhältnis. Das heißt: Mit zunehmendem Wind wird der Luftstrom mehr und mehr zu einer geradlinigen Bahn streben, während er bei abnehmendem Wind immer mehr dazu neigt, der Rundung eines gebogenen Objektes zu folgen. Das Profil von Segeln kann demnach je nach Wind-

Die Segel sind optimal angeströmt, da sie perfekt getrimmt sind.

geschwindigkeit flach oder bauchig getrimmt werden.

7. Die Summe aller Auftriebskräfte auf ein Flügelprofil stellen wir uns an einem einzigen Punkt (L) wirkend vor. Dieser Angriffspunkt findet sich an der Stelle der stärksten Wölbung. Neben dieser Kraft trifft der Luftstrom zusätzlich auf den Widerstand, den der Flügel oder ein Segel der Luft bieten (R). So wird die Resultierende aus Auftriebskraft und Wider-

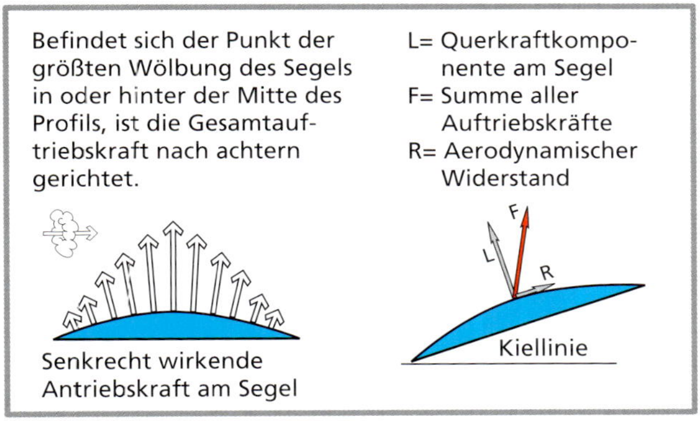

Abbildung 11

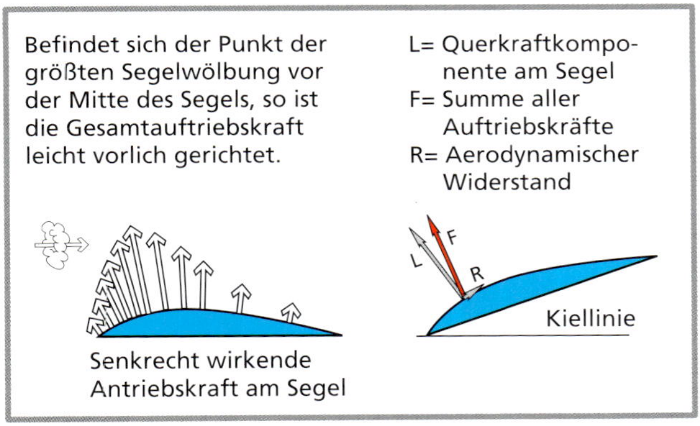

Abbildung 12

stand eine nach achtern gerichtete Kraft (F) erzeugen, falls der Punkt der größten Wölbung sich in oder hinter der Mitte des Profils befindet (Abbildung 11). Beim Segeln sollten wir dies verhindern und den Punkt der größten Wölbung durch richtiges Trimmen nach vorn verschieben (Abbildung 12).

1.5 Die Form eines Segels

Um die Profiltiefe eines Segels zu messen, wird zuerst eine gedachte Linie zwischen Vor- und Achterliek gezogen. Dieser Strich wird Segelsehne oder kurz Sehne (S) genannt (Abbildung 13). Dann wird unter der Sehne die Stelle mit der größten Wölbung (W) gesucht. Die Profiltiefe des Segels ergibt sich nun aus W/S. Das Ergebnis beschreibt einen Prozentsatz, der verrät, wie tief das Segel an einer bestimmten Stelle in Bezug auf seine dortige Breite ist. In der Regel variiert das Resultat zwischen zehn und 18 Prozent.
Um zu errechnen, wie weit das Wölbungsmaximum eines Segels vom Vorliek entfernt ist, geht man ähnlich vor, wie bei der Errechnung der Profiltiefe: Die Länge des Abstands vom Vorliek zum Wölbungsmaximum wird durch

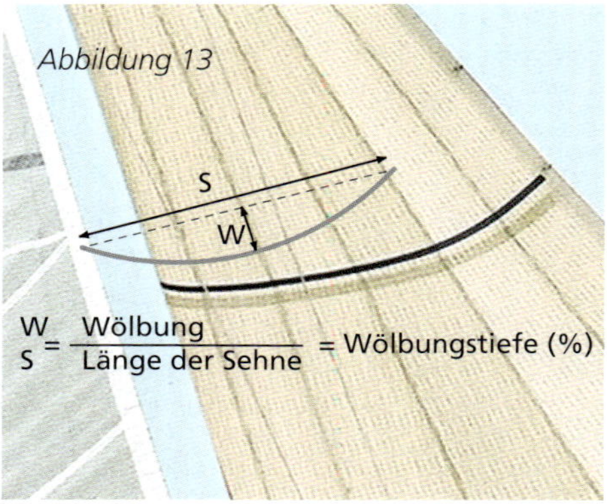

Die Profiltiefe.

die Länge der Sehne geteilt. Das Ergebnis wird in Prozent ausgedrückt (Abbildung 14). Vom Vorliek aus gesehen sollte die maximale Wölbung zwischen 35 und 45 Prozent liegen.

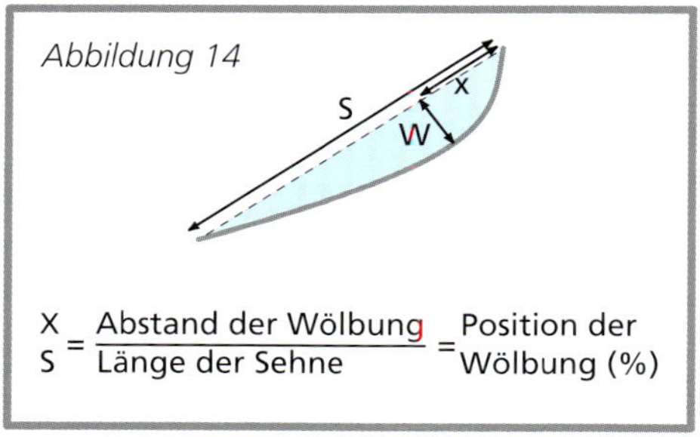

Position der Wölbung.

Eine andere Möglichkeit, die Form eines Segels zu charakterisieren, vor allem bei Genuas, ergibt sich mithilfe des Vorliekwinkels. Um ihn zu finden, wird der Winkel zwischen der Tangente der Vorliekwölbung und der Sehne ermittelt (Abbildung 15). Je runder das Segel, desto größer wird der Winkel sein. Ist der Winkel klein, hat das Segel auch nur einen kleinen Windeinfallswinkel (Anstellwinkel).

Eine weitere Möglichkeit, ein Segel zu beschreiben, ergibt sich aus seiner vertikalen Formänderung. Diese zeigt, wie das Segel seine Form von unten nach oben gesehen verändert. Ohne Hilfe des Computers existiert aber kaum eine Möglichkeit, die Form eines Segels auf solche Weise zu bestimmen. Meistens verdeutlicht die vertikale Sicht, dass »schnelle« Segel mehr Profiltiefe im Topp haben als »langsame«.

Schließlich gibt es noch den so genannten Twist, die vertikale Verwindung eines Segels: Mit zunehmender Höhe verändert sich der Winkel der Sehne zur Mittellinie des Bootes. Das heißt, das Segel wird im Bereich des Baumes dichter und im Toppbereich offener gefahren. Hierauf wird später noch näher eingegangen.

Für das Trimmen von Segeln ist wichtig zu wissen, dass die Leistung eines Segels durch die Stärke des Auftriebs (A) und den aerodynamischen Widerstand (R) bestimmt werden. Das Verhältnis von Auftrieb und Widerstand (A/R) ergibt den entscheidenden Faktor für das Verhalten des Bootes. Dabei ist es für Segler einfach, mehr Auftrieb zu erzeugen, indem sie beispielsweise die Segel nicht zu dicht fahren. Allerdings gibt es noch den Widerstand – diesen nicht sichtbar zu machenden Faktor klein zu halten, ist das Schwierige beim Trimmen. Ab einem gewissen Anstellwinkel nimmt der Widerstand stärker zu und der Auftrieb ab, wodurch ein Boot mehr Abdrift bekommt und somit an Tempo einbüßt (Segeln Sie dagegen vor dem Wind, entsteht der Vortrieb durch Widerstand: Die sich stauende Luft schiebt das Boot vor sich her).

Beim Segeln muss also für einen schnellen Vortrieb ein optimales Verhältnis von Auftrieb und Widerstand gefunden werden. Die Form des Segels sollte bei jeder Änderung von Windstärke und -richtung so effektiv wie möglich getrimmt werden.

Abbildung 15

Der Vorliekwinkel.

Segelformen werden am Computer entworfen.

Im Folgenden werden die verschiedenen Faktoren vorgestellt, von denen die Vortriebsleistung eines Segels abhängt.

Profiltiefe

Ein stark gewölbtes Segel erzeugt größere Auftriebs- und Widerstandskräfte als ein flaches (Abbildung 16). Für jeden Segelplan ergibt sich für bestimmte Windbedingungen eine ideale Profiltiefe, mit der das bestmögliche Verhältnis von Auftrieb und Widerstand erreicht wird.

Abbildung 16

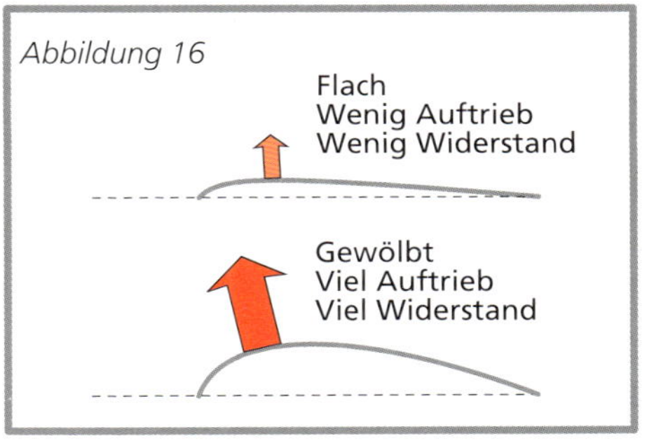

Einfluss der Wölbungstiefe.

Position der Wölbung

Verschiebt man das Maximum der Wölbung weiter nach achtern, entsteht ein besseres Verhältnis von Auftrieb und Widerstand. Dies bedeutet einerseits, dass Segler höher an den Wind gehen können, andererseits laufen sie Gefahr, schneller Verwirbelungen an der Leeseite des Segels und damit mehr aerodynamischen Widerstand zu erzeugen. Hier muss in jedem Fall sehr genau gesteuert werden, denn eine achterlichere Wölbung ist zwar effektiv, um Höhe laufen zu können, macht ein Boot aber auch luvgierig. Ideal wären bei einem achterlich gefahrenen »Bauch« ein mäßiger Wind, glattes Wasser und ein raumer Kurs. Bei

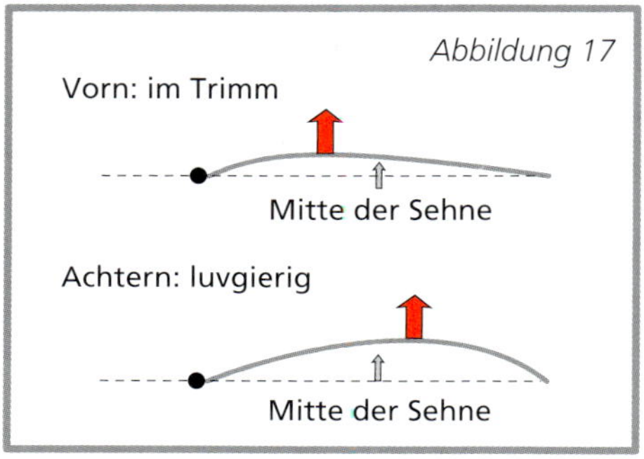

Position der Wölbung.

rauem Wetter scheint es angemessen, das Wölbungsmaximum weiter vorne zu fahren,

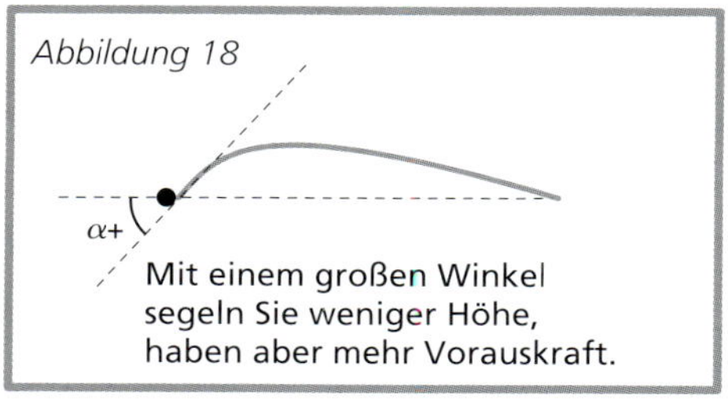

Vorliekwinkel.

bzw. das Segel flacher zu trimmen. Das Boot wird somit weniger luvgierig (Abbildung 17).

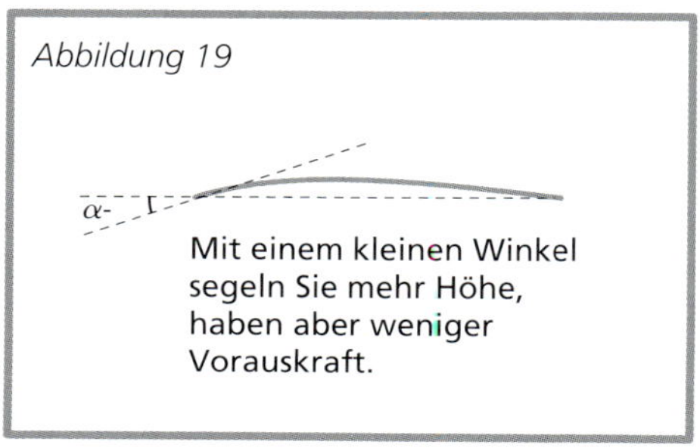

Anstellwinkel

Der Anstellwinkel bestimmt, wie hoch man an den Wind gehen kann, bevor das Segel zu killen beginnt. Je größer der Winkel ist, desto weniger Höhe kann ein Boot laufen. Ein großer Winkel erzeugt mehr Leegierigkeit als ein kleiner Winkel (Abbildung 18). Mit einem kleinen Anstellwinkel kann ein Boot höher am Wind segeln (Abbildung 19), jedoch wird der kritische Punkt schneller erreicht, weshalb der Spielraum des Steuermanns bezüglich einer Kurskorrektur gering ist.

Vertikale Formverteilung

Ein effektives Segel hat oben etwas mehr Profiltiefe als an seinem Unterliek. Bei starkem Wind wird die Krängung infolge der oben liegenden Profiltiefe schnell zu stark. Trimmt man das Segel im Topp flacher, kann man das Boot aufrechter segeln (Abbildung 20).

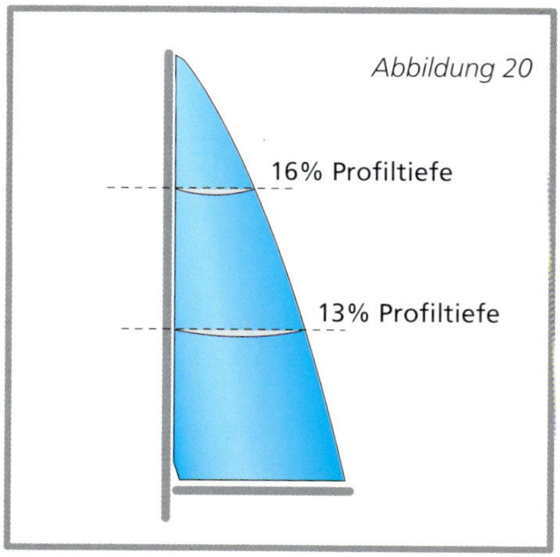

Vertikale Formverteilung.

Vorliekwinkel.

Abbildung 21

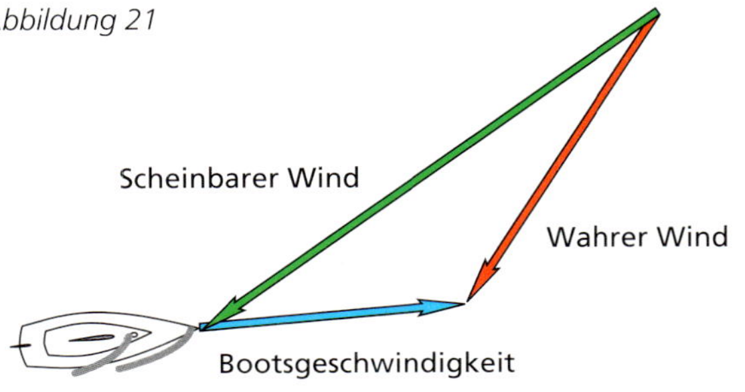

Scheinbarer Wind.

1.6 Der Wind

Scheinbarer Wind

Der scheinbare Wind ist der Wind, der Ihnen auf einem sich fortbewegenden Schiff um die Nase weht. Als wahren Wind bezeichnen wir dagegen jenen Wind, den wir fühlen, wenn das Boot fest vor Anker oder am Steg liegt. Der scheinbare Wind setzt sich zusammen aus Geschwindigkeit und Richtung des wahren Windes sowie dem Fahrtwind des Schiffes (Abbildung 21). Wenn Sie am Wind segeln, weht der scheinbare Wind immer etwas stärker und vorlicher als der wahre. Bei achterlicher Brise ist der scheinbare Wind im Allgemeinen schwächer als der wahre Wind.

Neben der variierenden Windstärke kann sich beim scheinbaren Wind auch seine Richtung kurzzeitig ändern, beispielsweise in einer Bö. Da der wahre Wind zu Beginn einer Bö zunimmt, die Geschwindigkeit des Bootes bzw. der Fahrtwind jedoch nicht, verändern sich die

Abbildung 22

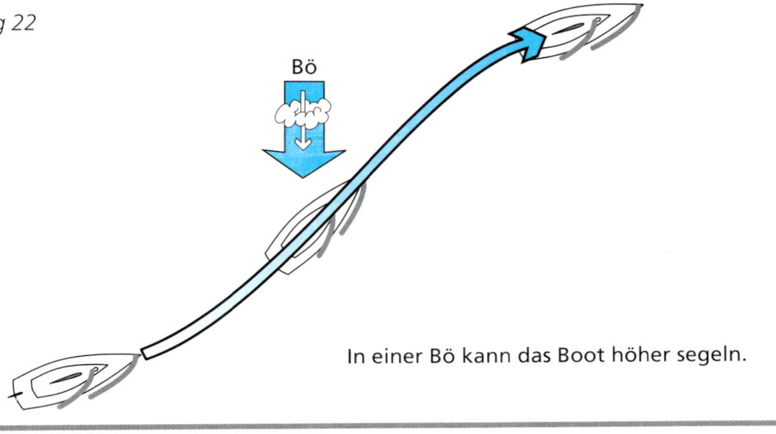

Veränderung der Windstärke.

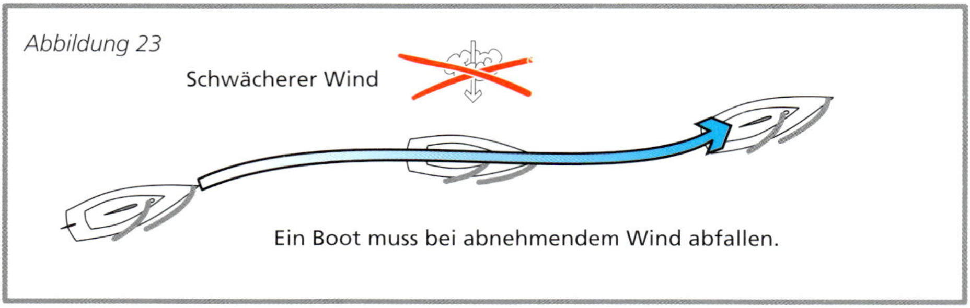

Veränderung der Windstärke.

Komponenten des scheinbaren Windes. In der Bö raumt der Wind, Segler können höher an den Wind gehen. Es ändert sich also nicht die wahre Windrichtung, sondern nur die kurzzeitige Zusammensetzung des scheinbaren Windes in einer Bö. Segler können die in der Bö gewonnene Höhe allerdings nicht mehr halten, wenn die Bootsgeschwindigkeit entsprechend zunimmt und das »alte« Gleichgewicht zwischen wahrem Wind und Fahrtwind wieder hergestellt ist (Abbildungen 22 und 23). Fahren Segler in ein »Flautenloch«, geschieht das Gegenteil: Die Segel killen plötzlich, da der Fahrtwind stärker ist als der wahre Wind, sodass der scheinbare Wind vorlicher einfällt. Sie müssen abfallen.

Für die Wahl der Segel dient der wahre Wind als Anhaltspunkt – nicht der scheinbare Wind, der auf vielen Yachten oft mit einem Windmessgerät oben am Mast ermittelt wird.

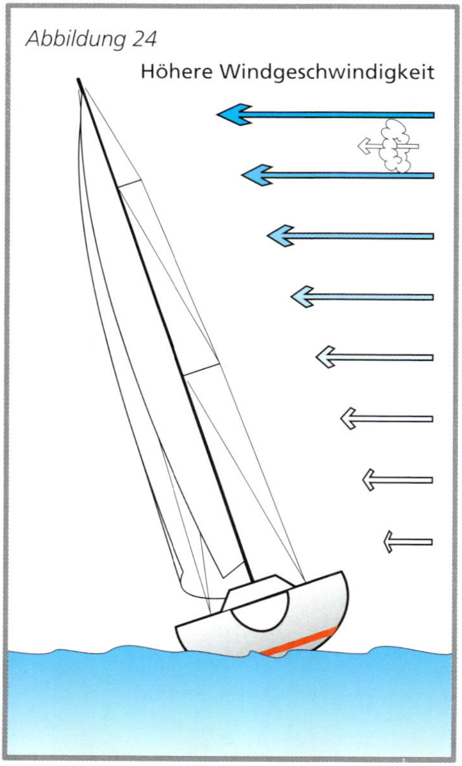

Windgradient.

Windgradient

Der Windgradient beschreibt den Unterschied zwischen der Windgeschwindigkeit an der Wasseroberfläche und dem Masttopp (Abbildung 24). Der Wind ist aufgrund seiner Reibung an der Wasseroberfläche über dem Wasser langsamer; die Reibung nimmt mit zunehmender Höhe ab. Wenn beispielsweise in zwei Metern Höhe der Wind mit 5,7 Knoten weht, sind es in zehn Metern Höhe 8,0 Knoten.

Abbildung 25

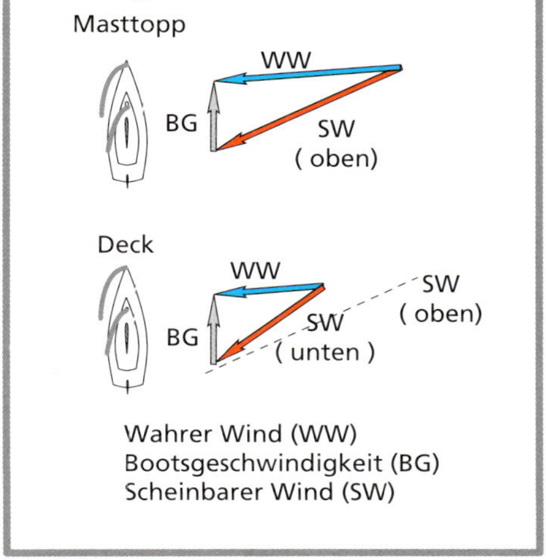

Kräfte am Wind.

Twist

Mit der Höhe ändert sich nicht nur die Stärke des Windes (Windgradient), sondern auch seine Richtung, da sich der aus dem wahren Wind und Fahrtwind zusammengesetzte scheinbare Wind ändert. Am Segel entsteht eine so genannte Windscherung. Ein Twist, eine Verwindung im Segel, ist nun nötig, damit das Tuch vom Unterliek bis zum Topp richtig steht. In Abbildung 25 wird dieses Phänomen anhand von Vektordiagrammen dargestellt. Daraus lässt sich ersehen, dass der Wind in der Mastspitze achterlicher weht als am unteren Teil des Segels. Je schneller der wahre Wind mit der Höhe wird, umso achterlicher wird der scheinbare. Ein Twist im Segel sorgt dafür, dass trotz der unterschiedlichen Anströmungen das Segel optimal getrimmt werden kann (Abbildung 26). Um den richtigen Twist für ein Segel einzustellen, sollte es vom Schothorn bis zum Topp gleichmäßig killen können. Je nach Windstärke ist der Twist eines Segels unterschiedlich stark ausgeprägt:

- Bei ruhigem Wasser und bei wenig Wind ist die Verwindung gering.
- Bei schwerem Wetter sollte man die Segelfläche zusätzlich in sich verdrehen, um den Masttopp zu entlasten und Krängung zu vermindern.
- Bei ganz leichtem Wetter sollte im oberen Teil des Segels genug Twist erhalten bleiben, um ein Killen zu vermeiden.

Abbildung 26

Twist in den Segeln.

Abbildung 27

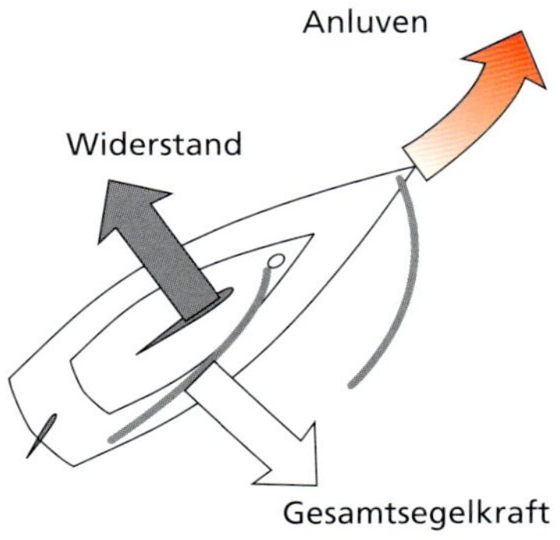

Kräfte am Wind.

1.7 Luv- und Leegierigkeit

Ein Boot ist luvgierig, wenn es das Bestreben hat, beim Segeln von selbst mit dem Bug in den Wind zu drehen, ohne mit Ruder und Schot nachzuhelfen (Abbildung 27). Bei einem sehr luvgierigen Boot muss man viel Gegenruder geben, um es auf dem richtigen Kurs zu halten. Jeder Ruderausschlag erzeugt Widerstand, verringert die Geschwindigkeit und erhöht die Abdrift. Es laufen alle Schiffe am Wind erst dann optimal, wenn so wenig Ruder wie möglich gelegt wird. Kursstabilität ist also das Ergebnis eines erfolgreichen Trimms. Gemessen an der Mittellinie des Bootes, sollte ein Ruderwinkel drei bis fünf Grad nicht überschreiten. Damit hat der Rudergänger noch ausreichend Druck auf dem Ruder, um ein Boot mit Gefühl gut zu steuern. Ein klein wenig Luvgierigkeit ist beim Steuern also ganz angenehm; äußerst unerfreulich ist dagegen Leegierigkeit.

Im Segeldruckpunkt kommen die gesamten aerodynamischen Kräfte zusammen, welche auf die gesetzten Segel eines Bootes wirken. Die angreifenden Kräfte am gesamten Unterwasserschiff wirken als Lateraldruckpunkt. Wenn der Segeldruckpunkt senkrecht über dem Lateraldruckpunkt liegt, verhält sich das Schiff neutral auf dem Ruder (das kommt in der Praxis selten vor).

Krängt ein Segelboot mit modernem Rumpf (ohne Überhang am Heck), entfernt sich der Lateraldruckpunkt vom Segeldruckpunkt, als Folge nimmt die Luvgierigkeit zu (Abbildung 28). Dabei spielt die Form eines modernen Rumpfes eine Rolle, dem die Krängung ein asymmetrisches Profil verleiht. Die Wasserlinie verlängert sich aufgrund der fehlenden achterlichen Überhänge nur nach vorn, dadurch neigt ein Boot dazu, seinen Bug in den Wind zu drehen. Serienschiffe sind im Allgemeinen

Abbildung 28

Der Segeldruckpunkt liegt
hinter dem Lateraldruckpunkt.

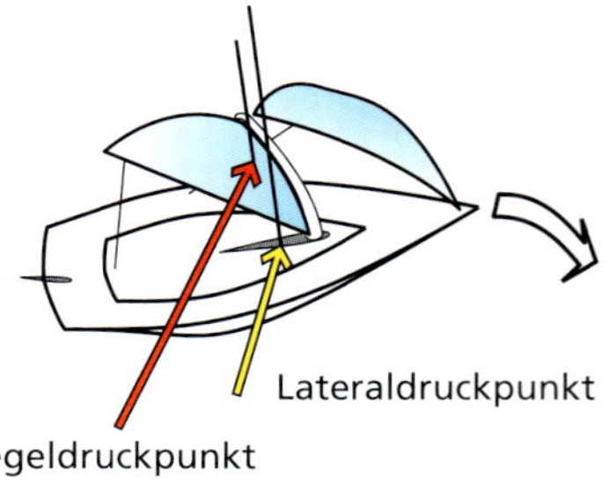

Je weiter der Lateraldruckpunkt der modernen Rümpfe bei Krängung nach vorne wandert, desto größer ist der Hebel zwischen Segeldruckpunkt und Lateraldruckpunkt und damit auch die Luvgierigkeit.

Auswirkung der Krängung auf die Luvgierigkeit.

Der Rudergänger legt die Pinne leicht nach Luv, um die Luvgierigkeit auszugleichen.

so konstruiert, dass sie unter normalen Wetterbedingungen gut auf dem Ruder liegen.

Luvgierigkeit entsteht also, wenn der Segeldruckpunkt hinter dem Lateraldruckpunkt liegt. Je größer der horizontale Abstand zwischen den Punkten, desto größer ist die Luvgierigkeit. Überschreitet die Luvgierigkeit ein vertretbares Maß, ist das Großsegel meist falsch getrimmt. Auch eine zu starke Mastbiegung könnte eine Ursache sein, da in diesem Fall der Segeldruckpunkt nach achtern gewandert ist. Manchmal ist die Ursache der Luvgierigkeit jedoch nicht offensichtlich: Es kann sich im ungünstigsten Falle um einen Fehler beim Entwurf oder bei der Anfertigung eines Bootes handeln. In diesem Fall sollte man bauliche Veränderungen vornehmen. Zu denken wäre an:

– Versetzen von Kiel oder Schwert nach achtern (der Lateraldruckpunkt wandert nach achtern).
– Verlängern der Kielfläche nach achtern (der Lateraldruckpunkt wandert nach achtern).
– Versetzen des Mastes nach vorn (der Segeldruckpunkt wandert nach vorn).
– Montage eines Bugspriets, um das Vorsegel weiter nach vorn zu versetzen (der Segeldruckpunkt wandert nach vorn).
– Ballast nach achtern. Damit kommt das Vorschiff höher aus dem Wasser, und der Lateraldruckpunkt verlagert sich nach achtern.

2 Vorsegel und Großsegel

Im vorhergehenden Kapitel wurde zum Einstieg in das Thema Trimmen etwas Segelphysik vorgestellt: das Verhalten von Luftströmungen und die Bedeutung für das Segeln. In diesem Kapitel soll die Wirkungsweise der Segel einmal näher betrachtet werden. Dabei soll es vorerst darum gehen, welchen Einfluss Vor- und Großsegel aufeinander haben.

2.1 Der Begriff »Upwash«

Upwash ist die Umlenkung der Luftströmung vor der Segelfläche. Der Wind »scheint zu wissen«, dass ein Segel kommt und weicht diesem schon vorher aus.
An der Leeseite eines Segels entsteht ein Unterdruck. Die hohle Seite des Profils, die Innenseite des Segels, wirkt auf die anströmenden Luftmoleküle wie ein Hindernis und bremst sie ab. So bildet sich in diesem Stau unmittelbar ein Überdruck. Dieser so genannte Staudruck auf der Luvseite des Segels unterstützt den Auftrieb bzw. den Unterdruck an dessen Leeseite (Abbildung 29).

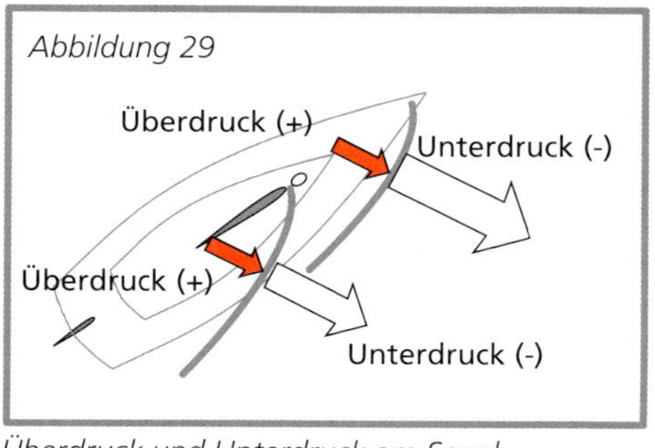

Überdruck und Unterdruck am Segel.

Luft hat physikalisch betrachtet Ähnlichkeit mit Flüssigkeiten, weshalb die Luftteilchen auf den Überdruck im Segel schon aus einiger Entfernung reagieren. Sie werden langsamer und von dem Überdruck quasi abgelenkt. Dieser Vorgang wird in Abbildung 30 durch die Linie S dargestellt. Ein Teil des Luftstroms, angedeutet unter der Linie S, wird ebenfalls gebremst und tendiert dazu, nach oben auszuweichen, unterstützt durch den Unterdruck

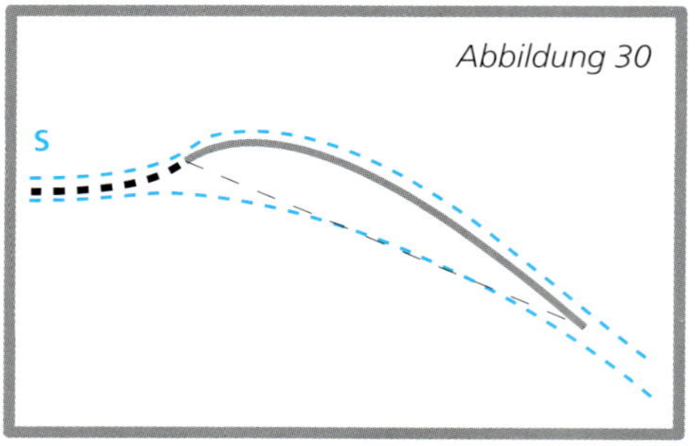

Upwash: Anströmende Luft wird schon vor der Segelfläche umgelenkt.

in Lee des Segels. Die Folge: Diese Luft beschleunigt und wird von dem Unterdruck um das Vorstag herum auf die bauchige Seite des Profils angesaugt. So kommt eine Kettenreaktion in Gang, in deren Verlauf immer mehr Luft auf die Leeseite des Segels gezwungen wird, wodurch der Luftstrom dort weiter an Tempo gewinnt und der Unterdruck, ergo der Auftrieb zunimmt. Das hat wiederum zur Konsequenz, die beschriebene Reaktionskette anzutreiben. Irgendwann ist damit Schluss: Wenn die Luft immer weiter vor dem Vorstag von Luv nach Lee umgeleitet wird, nimmt der

Sog mit der Entfernung ab, bis sich ein stabiler Zustand einstellt. Da der Auftrieb des Segels zugenommen hat, ist auch die Vortriebskraft gewachsen. Und weil der Luftstrom infolge des Upwash raumer einfällt, als die tatsächliche Windrichtung, können Sie höher am Wind segeln als vermutet. Dieses überaus wichtige aerodynamische Prinzip nennt man »Upwash«. Der Terminus bedeutet so viel wie »nach oben spülen«. Experten kennen auch einen Downwash, die Umlenkung der Strömung hinter einem umströmten Profil. Das Begriffspaar »oben« und »unten« macht eigentlich nur Sinn bei Flugzeugflügeln, wo denn auch das Phänomen Upwash entdeckt und erforscht wurde. Beim Segel ist die Betrachtungsebene um 90 Grad gedreht.

In der Praxis bedeutet das raumere Einfallen des Windes zwei Wahlmöglichkeiten. Einmal können Sie auf einem Kurs die Geschwindigkeit erhöhen, oder Sie können mit gleich bleibender Geschwindigkeit höher am Wind segeln.

Mit anderen Worten: Das aerodynamische Phänomen des Upwash ist der entscheidende Faktor für Tempo und Höhe auf einem Kurs am Wind.

Der Wind fällt beim Vorsegel raumer ein als beim Großsegel.

2.2 Der Spalt

Mit Sicherheit hat Upwash einen überaus positiven Effekt auf das Vorsegel. Beim Großsegel scheint eher das Gegenteil der Fall zu sein, wenn beide Segel gleichzeitig gesetzt sind. Dies widerspricht der klassischen Theorie über die Düsenwirkung zwischen zwei Segeln. Man nahm an, dass sich der Luftstrom in der Düse beschleunigt und damit den Unterdruck in Lee des Großsegels verstärkt. Blickt man auf die Aerodynamik des Upwash, liegt eher die umgekehrte Schlussfolgerung nahe. So vermindert jene Luftmenge, die vor dem Schiff von der Luv- auf die Leeseite des Vorsegels gesaugt wird, die Luftmasse im Spalt zwischen den Segeln beträchtlich. Die Geschwindigkeit des Durchstroms ist daher beim Eintritt in die Düse relativ gering und nimmt erst wieder hinter dem Achterliek des Vorsegels zu (Abbildung 31). Worin liegt nun der Nutzen, Großsegel und Fock gleichzeitig zu setzen?

Abbildung 31

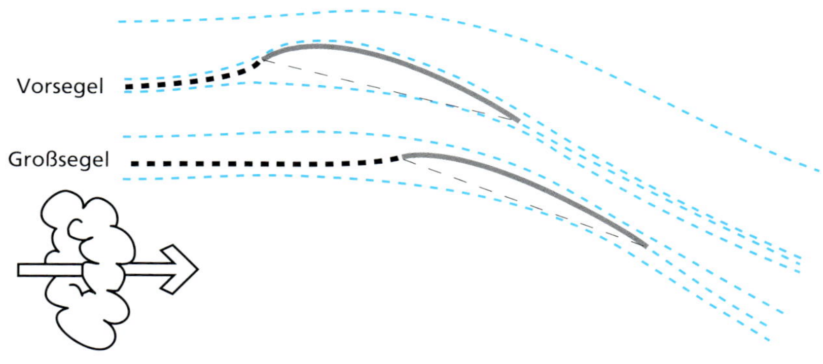

Die Luftmenge ist im Spalt zwischen Fock und Großsegel infolge des Upwash geringer als außen.

2.3 Der Einfluss der Fock auf das Großsegel

Der vorhergehende Abschnitt macht deutlich, warum die Fock keinen positiven Effekt auf die Wirksamkeit des Großsegels hat. Fest steht: Die Geschwindigkeit des Luftstroms in Lee des Großsegels leidet durch die Fock. Das Groß kann nun ein wenig runder gesetzt werden, da langsame Luftmoleküle einem ausgeprägten Profil besser folgen als einem flachen Segel. Und mehr Bauch gibt mehr Auftrieb. Ohne Vorsegel jedoch würde das Groß zweifellos erheblich mehr Auftrieb liefern. Vor allem aber könnte es frei im Luftstrom Upwash entwickeln mit allen positiven Folgen.

2.4 Der Begriff »Backwinding«

Weil Sie wissen, was im Spalt zwischen Vor- und Großsegel passiert, können wir auch erklären, wo das nahe am Mast beobachtete »Gegenkillen« des Groß herrührt. Dieses so genannte »Backwinding« wurde bisher meistens durch ein Zusammenspiel von Fock und Groß erläutert. Man nahm an, dass der Wind von der Luvseite der Fock in das Großsegel drückt – daher auch der allgemein durchgesetzte Begriff des Backwinding. Doch diese Vorstellung ist falsch. Aus aerodynamischer Perspektive müssen wir die Unterscheidung von Über- und Unterdruck und ihren Einfluss auf die Segel aufgeben.
So liegt die tatsächliche Ursache des Gegenkillens in der Existenz zweier nahezu identischer Überdruckzonen an beiden Seiten des Großsegels, wovon der Überdruck in Lee seine Ursache in einem zu engen Spalt hat. Abhilfe schafft ein Dichternehmen der Großschot und eventuell ein leichtes Fieren der Fock. So wird der Spalt vergrößert, der Luftstrom in Lee des Großsegels nimmt zu, wodurch das Gegenkillen verschwindet.

2.5 Der Einfluss des Großsegels auf die Fock

Worin besteht denn der eigentliche Nutzen eines Großsegels auf einem Amwindkurs? Versuche im Windkanal haben einen positiven Einfluss des Großsegels auf die Effektivität der Fock nachgewiesen. So sorgt die Existenz des Groß für eine beträchtliche Luftmenge, die zur Leeseite der Fock befördert wird. Kurz gesagt: Mit dem Groß »arbeitet« die Fock erheblich wirkungsvoller, da es den Upwash des Vorsegels deutlich verstärkt. Aus diesem Grund kann man ein Vorsegel um sieben bis zehn Grad raumer schoten als das Großsegel (Abbildung 32).

Das Großsegel hat keinen Upwash, weshalb der Wind dort vorlicher einfällt als beim Vorsegel. Zusammengefasst können wir Folgendes festhalten:

Das Vorsegel vermindert...

...den Upwash des Großsegels, weshalb es dichter gefahren werden muss als das Vorsegel;

...die Menge Luft, die zwischen Vorstag und Mast hindurchströmt, wodurch der Auftrieb des Groß abnimmt;

...die Geschwindigkeit des Luftstroms im Spalt. Die Luft kann der Wölbung des Großsegels deshalb besser folgen, und der Druckunterschied kann zwischen beiden Seiten des Segels um Null pendeln, was zu Backwinding führen kann.

Das Großsegel...

...fördert den Upwash der Fock, was einen höheren Kurs am Wind ermöglicht;

...vermindert den Luftdurchsatz zwischen Vorstag und Mast. Dabei wird die überschüssige Luftmenge um das Vorstag herum auf die Leeseite des Vorsegels abgeleitet. Dies verstärkt den Auftrieb der Fock.

Durch den Extra-Upwash am Vorsegel ist der gesamte Zugewinn an Auftrieb größer, als wenn man nur mit einem (Vor- oder Groß-)

Abbildung 32

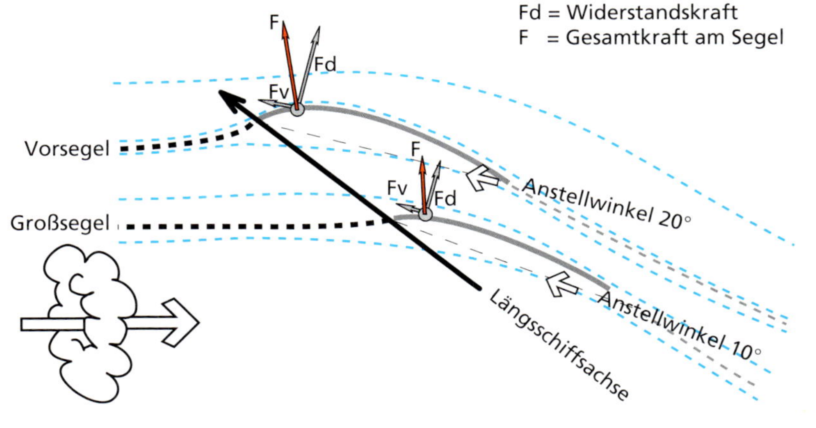

Unterschiedliche Anstellwinkel von Fock und Groß.

Hier kann man deutlich erkennen, dass die Fock unter Einfluss von Upwash raumer geschotet ist als das Großsegel.

Segel fahren würde, auch dann, wenn das Großsegel nicht optimal angeströmt wird.

2.6 Der Begriff »Groove«

Mit dem Begriff »Groove« (engl.: Rinne) wird der Spielraum bezeichnet, der dem Rudergänger beim Steuern bleibt, wenn er hoch am Wind segelt. Segelt er zu hoch, beginnen die Segel zu killen. Fällt er zu weit ab, riskiert er den Abriss der Strömung in Lee des Vorsegels (siehe Kapitel 1).

Die Größe des Groove verhält sich proportional zur Stärke des Upwash und umgekehrt proportional zur Stärke des Windes. Mit anderen Worten: Je stärker es weht, desto kleiner die Marge des Steuerwinkels. Vergrößert man den Anströmwinkel des Vorsegels, gibt es mehr Upwash und dadurch mehr Steuerfreiheit für den Rudergänger.

Groove: Beispiel eines Spielraums für den Rudergänger am Wind.

Abbildung 33

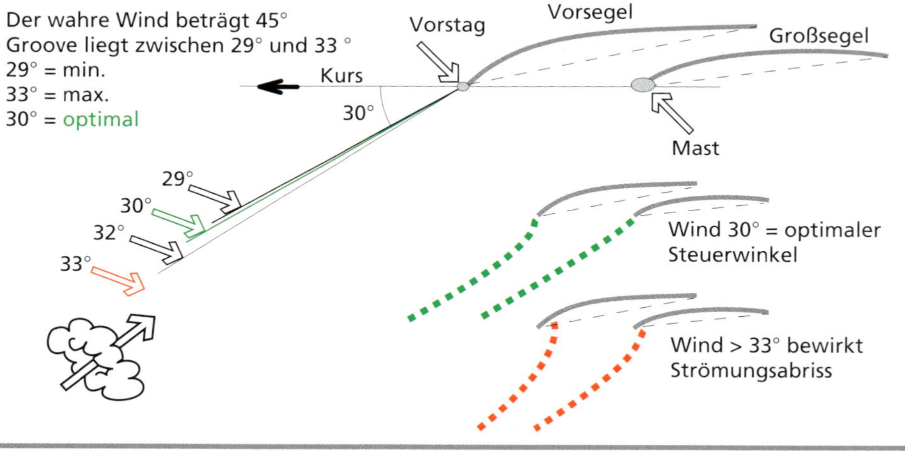

Eine Vergrößerung des Vorliekwinkels zieht die Wölbung des Segels etwas nach vorn. Später werden wir sehen, dass Sie dies durch ein loseres Vorstag erreichen können. Es wird nach Lee und nach achtern durchhängen und erzeugt ein tieferes Segelprofil. Das ist vor allem bei kabbeligem Wasser und mittlerer Windstärke effektiv. Dann braucht man einen größeren Spielraum zwischen Killen der Segel und Abriss der Strömung in Lee. Man wird in dem Fall wohl nicht höher, aber immerhin schneller segeln können. Bei wenig Wind und glattem Wasser kann der Groove ruhig kleiner sein, weil das Schiff infolge fehlenden Seegangs kaum giert; Sie setzen dann das Vorstag härter durch (Abbildung 33).

2.7 Trimmfäden

Der Trimmfaden (oder Windfaden) ist ein klassisches Hilfsmittel, um den Verlauf der Luftströmung am Segel zu beobachten. Die auch »Telltales« genannten Fäden bestehen meist aus Streifchen Spinnakertuch oder Wolle von ungefähr 20 Zentimeter Länge, welche längs der Segel befestigt werden. Man benutzt sie für Großsegel und Fock.

Beim Großsegel werden die Fäden am Achterliek angebracht, und zwar am besten so, dass, gemessen vom Topp, die ersten drei Sechstel des Lieks jeweils mit einem Faden markiert sind (Abbildung 34). Wehen die Windfäden nach

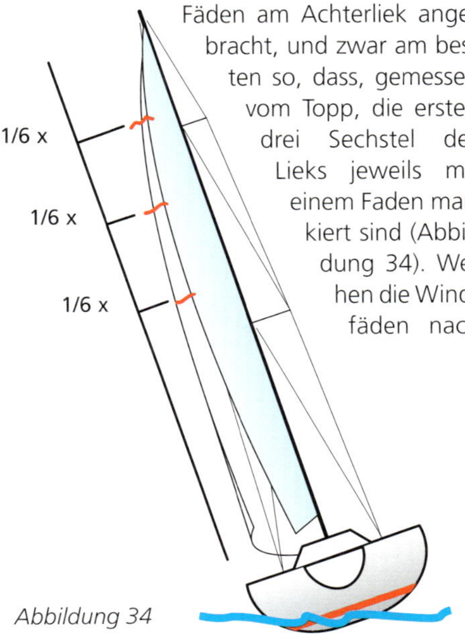

Abbildung 34

Die obersten drei Sechstel der Achterlieklänge des Großsegels sind mit je einem Trimmfaden versehen.

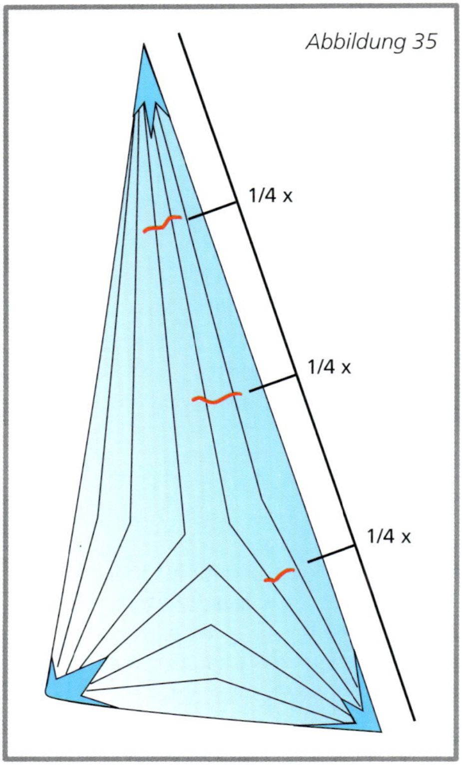

Bei der Fock werden die Trimmfäden ca. 20 Zentimeter hinter dem Vorliek befestigt.

achtern aus, bewegt sich längs des Tuchs eine anliegende, das heißt laminare Luftströmung. Das Großsegel ist richtig getrimmt. Wird die Großschot indes zu sehr dichtgeholt, oder fällt der Rudergänger zu sehr ab, wird der Luftstrom an der Leeseite des Segels gestört: Der Abriss beginnt am Achterliek und verschiebt sich umso mehr nach vorn, je fehlerhafter die Segelstellung ist. So entsteht in Lee des Großsegels eine Turbulenz, die den Luftstrom zum Mast zurückführt. Aus diesem Grund verschwinden die Trimmfäden aus dem Sichtfeld des Steuermanns, weil sie auf der Leeseite des

Hier sind die Trimmfäden an ein Fenster im Segel geklebt, damit man beide gleichzeitig sehen kann.

Segels nach vorn flattern. Man wird sie erst wieder in den Blick bekommen, wenn die Strömung wieder anliegt, das heißt, wenn man die Großschot fiert oder höher an den Wind geht.

In der Praxis dürfte es keine Probleme machen, die beiden unteren Trimmfäden des Großsegels nach achtern wehen zu lassen. Doch bei dem Faden im Topp kann es Mühe bereiten, ihn in der richtigen Position zu halten. Er weht gern einmal nach Lee und nach vorn weg. So bleibt immer das Suchen nach einem Gleichgewicht zwischen dem Umklappen dieses Windfadens und einem »Gegenbauch« des Großsegels dicht am Mast. Ein erfahrener Steuermann wird daher immer mit der Großschot spielen, sie immer wieder etwas fieren und dichter holen.

Damit man die Trimmfäden durch das Vorsegel hindurch erkennen kann, müssen sie dunkel sein. An der Fock werden sie beidseitig ungefähr 20 Zentimeter hinter dem Vorliek

Abbildung 36

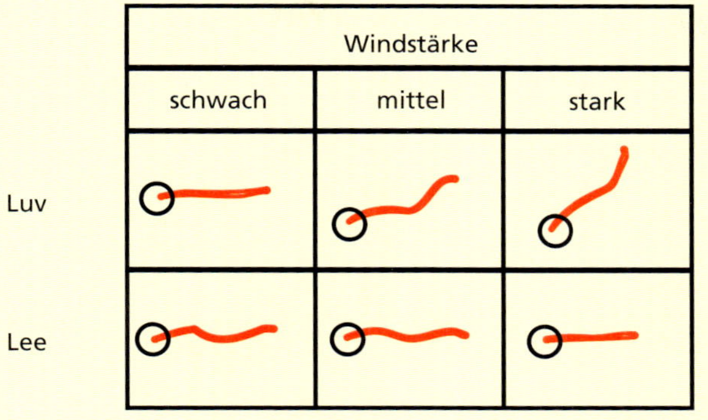

Das Auswehen von Windfäden.

befestigt. Es hat sich bewährt, wenn sie die Länge des Segels in vier Teile untergliedern (Abbildung 35).

Solange die Fock richtig getrimmt ist, das heißt, das Tuch ungestört angeströmt wird, wehen die Fäden (im besten Fall horizontal) nach achtern. Geht man zu hoch an den Wind, beginnen die Windfäden in Luv unruhig zu werden, bis sie sich schließlich nach oben wegbiegen.

Die Fäden in Lee reagieren ausgesprochen empfindlich. Fällt man zu weit ab, wehen sie abrupt nach oben und sogar nach vorn. Die Strömung in Lee ist dann gestört, und es bilden sich Turbulenzen. Zwar steht das Segel dann oft noch gut, aber es »zieht« kaum noch. Entweder geht man nun höher an den Wind oder schrickt die Schot.

Als Grundregel kann man sich merken, dass die Trimmfäden in Lee auf Amwind- und Raumschotskursen immer horizontal nach achtern weisen sollten. Das Verhalten der Fäden in Luv hängt von der Windstärke und dem Seegang ab. Je härter es weht und je mehr Seegang geht, desto stärker dürfen sie nach oben auswehen (Abbildung 36).

3 Trimmeinrichtungen

In den ersten beiden Kapiteln wurden aerodynamische Grundlagen beschrieben: Im Grunde gibt es unter bestimmten Wetterbedingungen immer nur ein Profil für ein Segel, das als optimal getrimmt bezeichnet werden kann. Die Parameter dabei sind: Windstärke, Windeinfallswinkel und Wellen. Die Kunst des Trimmens besteht nun darin, das Segel an das jeweilige Wetter so optimal wie möglich anzupassen. Dafür werden Trimmeinrichtungen benötigt, mechanische Mittel zum Trimmen. Das ist Thema dieses Kapitels.

3.1 Die Vorbereitung im Hafen

Unter Trimmeinrichtungen fallen beispielsweise Schäkel, Blöcke, Klemmen und Winschen. Die sollten regelmäßig in Augenschein genommen werden, denn krumme Schäkelbolzen sind nicht zufällig verbogen. Man sollte sie daher nicht nur ersetzen, sondern besser gegen stabileres Material tauschen. Blöcke müssen leicht laufen und einen angemessen Durchmesser haben. Segelt man regelmäßig in Salzwasserrevieren, bilden sich Krusten von Salzkristallen, die zum Festlaufen führen können. Deshalb tut den Teilen eine Süßwasserdusche ausgesprochen gut.

Das gilt auch für Klemmen und Stopper an Bord, besonders für Winschen. Ein- bis zweimal pro Saison sollte man sie zerlegen, ihr Innenleben mit Petroleum reinigen und sie mit nichtharzendem Fett einschmieren (gut ist auch Teflon). Vor allem die regelmäßig schwer beanspruchten Metallteile, wie Mastfuß, Baumbeschläge oder Halterungen der Salinge müssen regelmäßig geprüft werden. Durch

Farbige Leinen für verschiedenen Trimmeinrichtungen ermöglichen eine gute Unterscheidung.

Bereitet man das Segelsetzen gut vor, können Fehler schneller behoben werden – ein Sicherheitsaspekt.

Belastung können feine Risse im Metall entstehen und sich die Poppnieten lockern. Auch die Rädchen oder Röllchen des Travellers sollte man nicht vergessen.

3.2 Die Fallen

Die Fallen spielen beim Trimmen von Fock und Großsegel eine Hauptrolle. Von der Fallspannung hängt zum größten Teil die Profiltiefe des Segels und die Position seiner größten Wölbung ab. Da bei wenig Wind ein Segel mit tiefem Profil besser »zieht« als ein flach getrimmtes Segel, wird bei schwachen Winden ein Fall grundsätzlich weniger stark durchgesetzt als bei Starkwind.

Mit den meisten Fallen aus Tauwerk kann die Profiltiefe jedoch nicht optimal getrimmt werden, auch mit den vorgereckten nicht. Je mehr sich die Spannung auf einem Fall infolge zunehmenden Windes erhöht, desto mehr reckt es aus und lässt das Vorliek durchsacken. Bei wenig Wind ist es umgekehrt. Je mehr der

Am Mast wird ein Fall aus Tauwerk durchgesetzt, das viel Reck haben kann.

Druck im Segel und damit auch die Belastung des Falls abnimmt, desto mehr verkürzt es sich und zieht das Vorliek stramm. Beides dient nicht dem optimalen Trimm.

Bei der Auswahl des Materials zeigen Fallen aus rostfreiem Stahl keinerlei Reck und sind demnach ideal. Sie sind allerdings sperrig zu handhaben. Einen Kompromiss stellen Drahtfallen mit einem Ende aus Tauwerk dar. Das Segel wird mit dem Tauende (über eine Winsch) gesetzt, während die Zugkräfte am Stahldraht angreifen. Ein Problempunkt bleibt die Verbindung von Draht und Tauwerk – dies ist deshalb eine Arbeit für Profis. Fallen aus Kevlar haben noch weniger Reck als Stahldraht und können noch höhere Belastungen vertragen – eine gute Alternative zum unhandlichen Draht, aber teuer. Für Segler, die aus Spaß nur hin und wieder an einer Clubregatta teilnehmen, lohnt sich die Anschaffung eines Falles aus Kevlar kaum.

3.3 Der Vorliekstrecker

Neben dem Fall gibt es den Cunningham oder Vorliekstrecker, mit dem man die Vorliekspannung fein justieren kann (das ist weniger anstrengend als das erneute Durchsetzen des Falls).

Beim Cunningham wird das Segel mittels einer im Halsdreieck angebrachten Kausch (Cunningham hole) nach unten getrimmt, wodurch das Vorliek unter Spannung gerät (Abbildungen 37 und 38). Auf offenen Booten benutzt man dazu eine Talje, auf größeren Yachten eine Winsch.

Neben der Aufgabe, den vorderen Teil des Großsegels flach zu halten und gleichzeitig dessen Wölbung nach vorn zu verschieben, öffnet der durchgesetzte Vorliekstrecker auch das Achterliek. Bei stärkerem Wind kann dadurch die Luvgierigkeit eines Bootes verringert werden. Ein voll durchgesetzter Cunningham sollte das Segel in seinem vorderen Teil völlig flach trimmen können.

Ist ein Segel mit einer Cunningham-Kausch

Abbildung 37

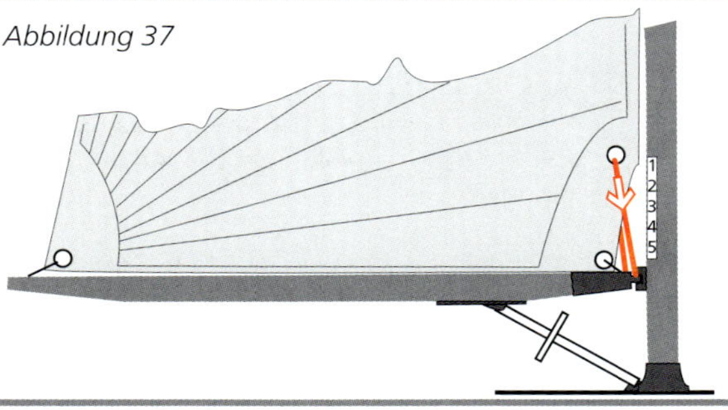

Der Cunningham ist gefiert...

Abbildung 38

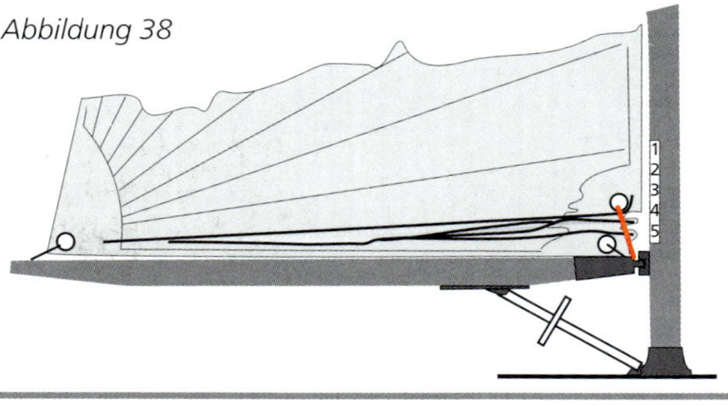

...und kann zum Abflachen des Großsegels dichtgeholt werden.

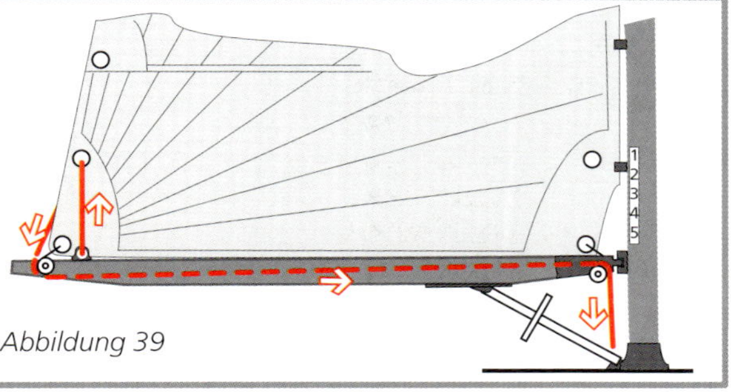

Abbildung 39

Mit einem Flachreff kann das Segel im unteren Teil bei viel Wind abgeflacht werden.

ausgestattet, wird das Fall beim Setzen der Segel immer nur so weit durchgesetzt, wie es für leichtes Wetter ausreicht. Briest es auf, regeln Sie die Spannung des Vorlieks dann besser mit dem Strecker.

3.4 Der Unterliekstrecker

Ebenso wie man ein Vorliek strecken kann, besteht beim Großsegel die Möglichkeit, das Unterliek zu spannen. Dazu benutzt man den Unterliekstrecker, der am Schothorn angreift. Mit dem Unterliekstrecker zieht man nur den unteren Teil des Segels flach oder gibt ihm eine größere Profiltiefe.

Wenn Sie zusätzlich ein Flachreff (auch Abflacher genannt) verwenden, können Sie bei auffrischendem Wind die Wölbung des Großsegels im unteren Teil verringern. Hierzu wird knapp über dem Schothorn des Segels eine Kausch eingenäht. Von dort läuft eine Leine nach achtern zur Baumnock (Abbildung 39). mithilfe des Unterliekstreckers wird dem Segel

Der Unterliekstrecker besteht aus Drahttauwerk. Er hat kein Reck.

Dieser Traveller wird mit Stoppern arretiert. Man kann den Schlitten Stück für Stück versetzen.

eine Spannung gegeben, sodass es bei leichtem Wetter optimal steht. Kommt Wind auf, können Sie das Unterliek mit dem kurzen Reff weiter durchsetzen. Ist dessen Auge dicht bei der Nock angekommen, sollte das Segel maximal flach stehen.

3.5 Der Traveller

Um den Twist des Großsegels zu kontrollieren, brauchen Segler einen Traveller. Er besteht aus einer Travellerschiene und einem Schlitten. Die Schiene sollte so montiert sein, dass die Großschot lotrecht steht, damit der Schlitten nicht verkantet. Je länger die Schiene ist, desto besser können Sie trimmen. Jedoch wird das Handling ab einer bestimmten Länge zu schwierig, da die Großschot mit dem Auswehen des Baumes einen Kreisbogen beschreibt. Optimal ausgerüstete Regattaschiffe verfügen daher über eine gebogene Travellerschiene.

Wichtig ist, den Traveller unter allen Bedingungen möglichst stufenlos verstellen zu können. Daher sind für Regattazwecke Travellerleinen empfehlenswerter als Stopper. Die Leinen sollten an beiden Seiten der Plicht leicht erreichbar sein.

Bei schwachem Wind auf einem Amwindkurs benötigen Sie den Traveller, um das Achterliek des Großsegels etwas zu öffnen. So kann die Luftströmung besser der Segelform folgen. Wird der Traveller bei leichtem Wind nicht genutzt, zieht die Großschot den Baum senkrecht nach unten und schließt das Achterliek. Dadurch wird die Strömung gestört, sodass Turbulenzen am Achterliek entstehen.

Das Achterliek sollte sich also ein wenig öffnen, indem man den Traveller ein Stückchen nach Luv setzt und die Großschot fiert, bis der Baum wieder mittschiffs steht. Die Schot zieht an der Baumnock. So kann der Baum bei jeder leichten Bö nach oben wippen (Abbildung 40).

Dieser Traveller wird auf einer gebogenen Schiene mit Travellerleinen querschiffs hin und her bewegt. Man kann ihn stufenlos verstellen.

Nimmt der Wind zu und wird er konstant, setzen Sie den Traveller erneut mittschiffs und holen die Großschot etwas dicht. Das Achterliek schließt sich dann wieder. Frischt es weiter auf und krängt das Boot zu stark, holen Sie den Traveller nach Lee. Nun wird das Achterliek entlastet, die Luvgierigkeit verringert sich, und das Schiff liegt besser auf dem Ruder.
Bei raumendem Wind wird der Traveller immer weiter nach Lee verschoben. Am Ende der Schiene ist die Schot jedoch nicht mehr senkrecht nach unten zu trimmen. Die Baumnock kann steigen. Spätestens jetzt kommt der Baumniederholer ins Spiel.

3.6 Der Baumniederholer

Auf vielen Tourenyachten führt der Baumniederholer ein Schattendasein – zu Unrecht. Er ist die wichtigste Trimmeinrichtung an Bord, vor allem auf raumen und Vorwindkursen: Er verhindert das Steigen des Baums, wodurch sich das Achterliek ungewollt öffnen würde (Abbildung 41). Er dient auch der Sicherheit: Bei starken Vorwindkursen unterbindet der Niederholer das Geigen, da er den Twist des Großsegels im Topp verringert.
Ebenso am Wind kann der Niederholer wichtig werden, vor allem bei wenig Wind. Setzt man ihn zu stark durch, wird er das Achterliek schließen und damit für Turbulenzen sorgen – Vortriebskraft geht verloren. Setzt man den Niederholer hingegen zu wenig durch, beginnt das Großsegel oben im Achterliek zu killen, das Segel ist nicht optimal getrimmt, und dies verringert den Vortrieb.

Der Traveller wird leicht in Luv gefahren, die Schot ist ein wenig gefiert.

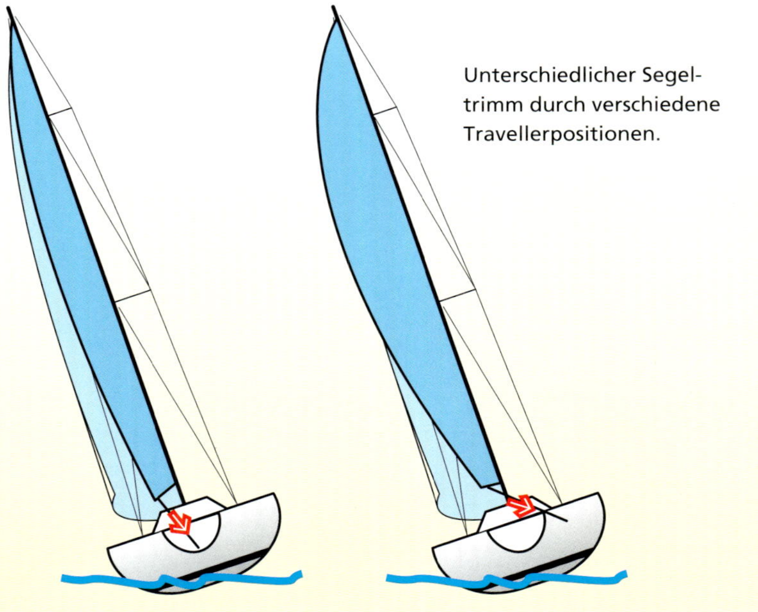

Abbildung 40

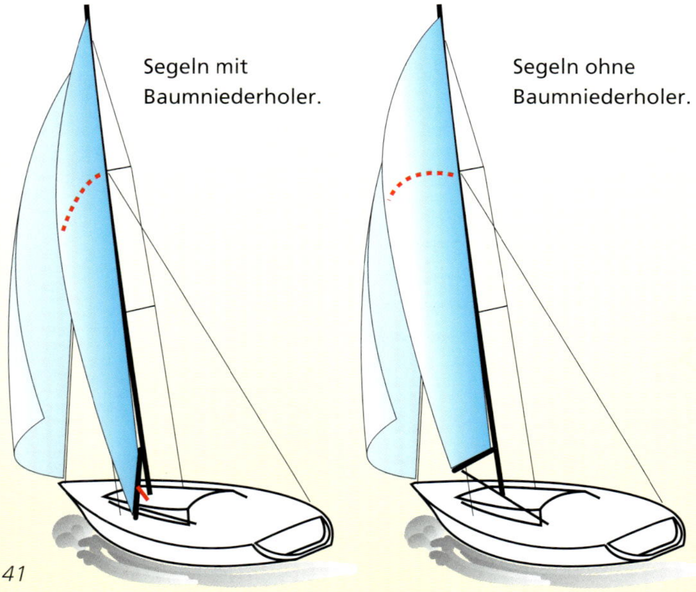

Abbildung 41

Raumschots wird der Baum durch den Niederholer nach unten gezogen.

Bei offenen Booten hat der Niederholer noch eine weitere Funktion: Mit ihm kann man die Mastbiegung kontrollieren.

3.7 Das Achterstag

Je nach Takelung eines Bootes kann das Achterstag ein gutes Hilfsmittel beim Trimmen sein. Wer über einen Achterstagspanner verfügt, hat zwei wichtige Dinge unter Kontrolle:
- man kann die Biegung des Mastes beeinflussen (siehe Kapitel 4),
- man kann die Spannung des Vorstags verändern.

Für den Trimm bedeutet das: Je mehr Biegung im Mast ist, desto flacher wird das Großsegel, desto strammer das Vorstag und desto flacher die Fock. In den Kapiteln 5, 6 und 7 kommen wir hierauf noch zurück.

Das Achterliek im oberen Teil des Segels weht aufgrund eines losen Baumniederholers aus.

Bei den meisten Großsegeln ist im Achterlieksaum eine dünne Leine eingezogen, die das Killen des Achterlieks verhindern kann.

3.8 Die Liekleine

Fast alle Segel haben im Achterliek eine dünne Trimmleine, mit der das lästige Killen des Achterlieks am Wind verhindert werden kann. Dieses Flattern tritt meist bei älteren Segeln auf, die ein wenig außer Form geraten und ausgereckt sind. Das Bändsel sollte nur so weit dichtgeholt werden, bis das Killen des Achterlieks ein Ende hat. Das Trimmen sollte also mit feiner Hand geschehen. Zieht man die Liekleine zu stramm, stellt sich das Achterliek nach Luv, es bildet sich eine »Kralle«. Die Strömung reißt ab, Turbulenzen entstehen und bremsen.

3.9 Die Segellatten

Segellatten sollen das gewünschte Profil des Segels unterstützen und dienen dem Ausspreizen der Achterlieksrundung. Bei Tourenyachten sieht man indes oft, dass sie das Gegenteil bewirken und die Form des Segels stören. Sie sind häufig einfach zu steif, um sich der verändernden Wölbung eines Segels anpassen zu können. Besonders auffällig ist dies bei der relativ kurzen oberen Segellatte: Dort zeigt das Tuch vorn an der Lattentasche oft eine senkrechte Falte (Abbildung 42). Auf die Aerodynamik hat dies unerwünschte Auswirkungen.

Gute Segellatten müssen achtern recht steif sein, um die hohen Belastungen eines killenden Segels auffangen zu können. Nach vorn hin werden sie elastisch und verjüngen sich, weil sie nur so das gewünschte Profil stützen. So entsteht ein faltenfreier Übergang zwischen Lattentasche und Segeltuch. Optimal sind durchgehende Segellatten, die bis zum Vorliek reichen. Falls diese zudem noch verstellbar sind, kann man mit ihnen die Wölbung im Segel sehr günstig stabilisieren.

Bei schwachem Wind werden die Latten unter Spannung gesetzt, um dem Segel mehr Tiefe und damit dem Boot mehr Vortrieb zu geben. Bei starkem Wind

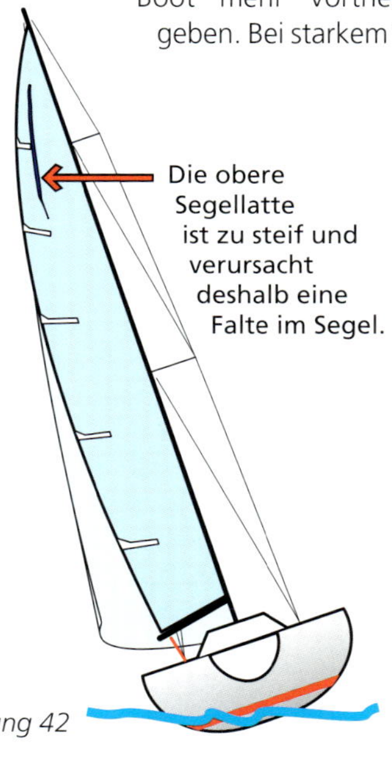

Abbildung 42

Abbildung 43

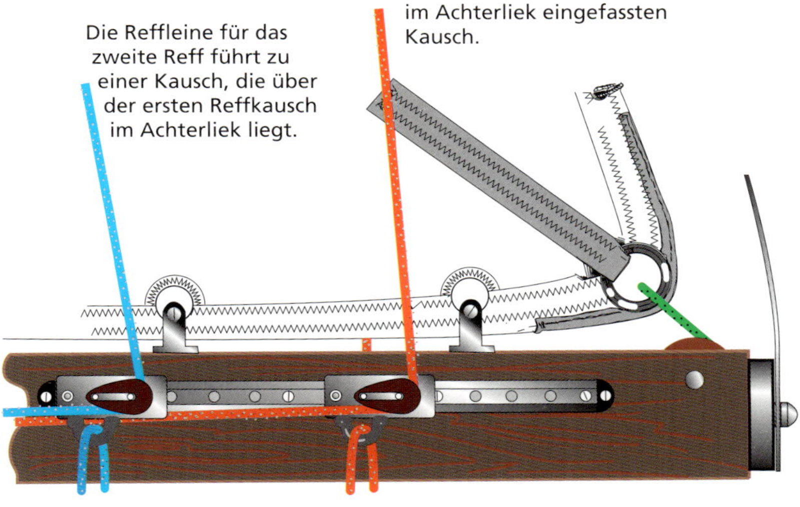

reduziert man die Spannung und bekommt das erstrebte flache Profil. Auf Freizeityachten sieht man solche Finessen weniger, wohl aber auf Regattabooten oder Rennkatamaranen.

3.10 Das Reffen

Bei starkem Wind sind Großsegel meist zu groß und müssen verkleinert werden, denn die entsprechend »überschüssigen« Quadratmeter Segel dienen dann nicht mehr dem Vortrieb, sondern verstärken die Krängung; das Boot wird sehr luvgierig und lässt sich nur noch mühsam auf dem Ruder halten – so büßt man an Geschwindigkeit ein. Nun hat jedes Schiff einen idealen Krängungswinkel, bei dem es optimal am Wind segelt. Wird dieser Winkel überschritten und kann man mit Trimmversuchen, wie etwa dem Abflachen der Segel, nicht aufrechter segeln, ist es Zeit zum Reffen. Manchmal muss schon gerefft werden, wenn das Boot gar nicht weit überliegt, wie etwa bei steilem Seegang, der zu viel Fahrt aus dem Schiff nimmt. Es kann nötig sein, durch ein tiefer liegendes Segelprofil mehr Vorauskraft zu bekommen, und dies kann nur durch Reffen erreicht werden. Ein tiefes Profil zu weit oben im Segel verursacht nämlich nichts außer Krängung.

In der Regel beginnt man mit dem Stecken des ersten Reffs. Um dabei die Wölbung des Segels kontrollieren zu können, ist es nützlich, die Reffleine über ein verstellbares Auge auf einer Schiene am Baum zu führen (Abbildung 43). Für mehr Wölbung und ein geschlossenes Achterliek muss das Auge nach vorn, für ein flaches Segel und offenes Achterliek nach hin-

Ein Großsegel mit Rollreffeinrichtung im Mast wird mit losem Unterliek gefahren.

ten. Wird ein zweites Reff nötig, diktiert der zunehmende Wind ein flaches Profil. Dann kann die Reffleine das Segel weiter nach achtern ziehen.

Wollen Sie den Vortrieb Ihres Riggs optimal nutzen, sollten Sie beim Reffen nur den Hals und das Schothorn des Segels fest auf den Baum binden. Die übrigen Reffbändsel stören beim ungerefften Segel die Aerodynamik. Am besten entfernt man sie und verklebt zudem die überflüssigen Reffaugen mit Tape, um infolge des hindurchwehenden Windes den Druckverlust von Luv nach Lee zu verhindern.

Einige Yachten verkleinern ihr Großsegel mithilfe einer einfach zu handhabenden Rollreffeinrichtung im oder am Mast. In der Regel fährt man dazu ein Tuch ohne Segellatten und mit freiem Unterliek. Diese Konstruktion wirkt sich jedoch auf die Aerodynamik nachteilig aus. Da ein dreidimensionales Segel auf ein zweidimensionales Profil gerollt wird, verschlechtert sich im gerefften Zustand das Segelprofil. Ein weiterer Nachteil dieser Reffmethode ist, dass ein vergleichsweiser dickerer Mast stärkere Turbulenzen erzeugt als normale Masten, und der ungereffte Teil des Tuchs somit entsprechend aerodynamisch stark beeinträchtigt ist.

Diesen Nachteil hat eine Rollgenua nicht, aber auch hier erzeugt das Aufwickeln um ein Vorstag Probleme mit dem optimalen Segelprofil. Bei einer Rollgenua oder Rollfock sollte die Schot durch verstellbare Leitblöcke laufen können, um einen guten Schotwinkel des gerefften Segels zu erreichen. Kann der Schotholepunkt nicht verschoben werden (am besten vom Cockpit aus), steht das Segel nach dem Reffen noch schlechter.

3.11 Der Holepunkt des Vorsegels

Prinzipiell bieten die am Vorstag befestigten Vorsegel weniger Möglichkeiten zum Trimmen als ein Großsegel, das noch am Baum angeschlagen ist. Bei einem Vorsegel steht das Fall zur Verfügung, manchmal ein Vorliekstrecker, die Spannung des Vorstags und der Holepunkt der Schot. Letzterer lässt sich durch einen Schlitten auf einer Leitschiene verschieben und spielt die größte Rolle beim effektiven Trimm der Fock. Die richtige Position des Holepunktes hängt von folgenden Faktoren ab:

- von der Windstärke,
- vom Einfallswinkel des Windes,
- vom Seegang,
- vom Mastfall.

Für eine erste grobe Annäherung der Position des Holepunktes nimmt man an, dass bei einem Kurs am Wind die Spannung auf Unterliek und Achterliek ungefähr gleich ist. Die Position des Holepunktes ist korrekt, wenn das Vorliek nach leichtem Anluven am Wind gleichmäßig über seine ganze Länge einfällt. Fällt erst der obere Teil ein, muss der Schlitten nach vorn verlegt werden. Beginnt das Einfallen unten, muss der Holepunkt weiter nach achtern (Abbildung 44).

Die Position des Fockholepunktes hängt von der Windstärke ab. Bei wenig Wind erreicht man ein tiefes Profil, indem man den Holepunkt nach vorn schiebt. Bei ganz leichtem Wetter kann sich dadurch jedoch das Achterliek schließen und den schwachen Luftstrom verwirbeln. Diese Bremse kann man rasch ausgleichen, indem die Schot etwas gefiert wird. Bei zunehmendem Wind wird der Fockschotholepunkt weiter nach achtern versetzt, sodass mehr Spannung auf das Unterliek kommt und ein offenes Achterliek entsteht.

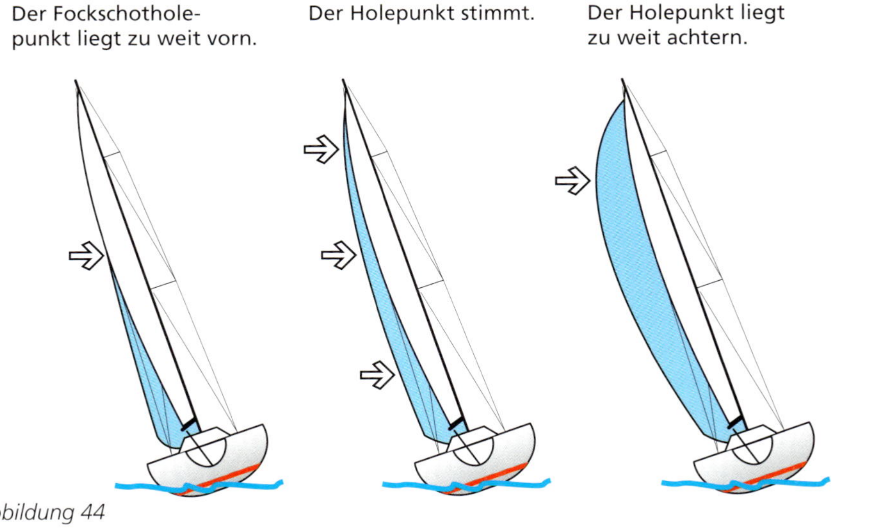

Abbildung 44

Der Fockschotholepunkt stimmt.

Auch der Einfallswinkel des Windes ist für die Positionsbestimmung des Holepunktes wichtig. Je höher Sie an den Wind gehen, desto mehr sollte die Schot zur Mittschiffslinie rücken. Dies ist nur möglich, wenn der Leitblock nicht nur längsschiffs, sondern auch quer verschoben werden kann. Bei Tourenyachten muss man wegen des Kajütaufbaus auf diese Möglichkeit oft verzichten. Hier kann die simple Konstruktion eines Barberholers (s. 3.12) Abhilfe schaffen.

Es gibt noch einen Grund, warum es nützlich wäre, den Schotholepunkt querschiffs – diesmal nach außen – bewegen zu können. Wenn Sie auf raumeren Kursen nur das Großsegel

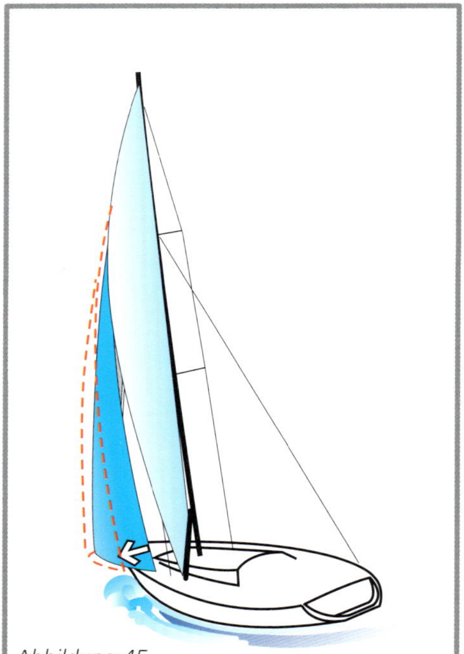

Abbildung 45

Auf raumen Kursen muss der Holepunkt der Fock nach vorn und außen.

fieren, die Fock jedoch nicht, wird der Spalt zwischen beiden Segeln zu eng. Das führt, wie in Kapitel 2 beschrieben, zum Gegenkillen des Großsegels dicht hinter dem Mast.

Grundsätzlich muss auf Raumschotskursen

Ein stufenlos verstellbarer Holepunkt für Vorsegel.

der Holepunkt nach vorn gebracht werden, da sich infolge der gefierten Schot das Achterliek mit seiner größeren Länge mehr öffnet als das Unterliek. Verschiebt man den Holepunkt nicht, killt ein Vorsegel im oberen Teil. Deshalb muss das Achterliek so weit geschlossen werden, bis das Vorliek beim kräftigen Anluven wieder beginnt, über die ganze Länge einzufallen (Abbildung 45).

Auch die Wellenhöhe bestimmt bei einem Kurs am Wind die Profiltiefe der Fock und damit die Position des Schotholepunktes. Bei höherem Seegang und abnehmendem Wind benötigen Sie eine tiefe Wölbung, der Holepunkt wird nach vorn gesetzt (a in Abb. 46). Bei viel Wind und wenig Seegang wird das Vorsegel flach getrimmt (b in Abb. 46). Abhängig von der jeweiligen Windstärke wird mithilfe der Schot das Achterliek mehr oder weniger weit geöffnet.

Des Weiteren ist der Schotholepunkt abhängig vom Mastfall. Je mehr Biegung der Mast bekommt, desto geringer wird der horizontale

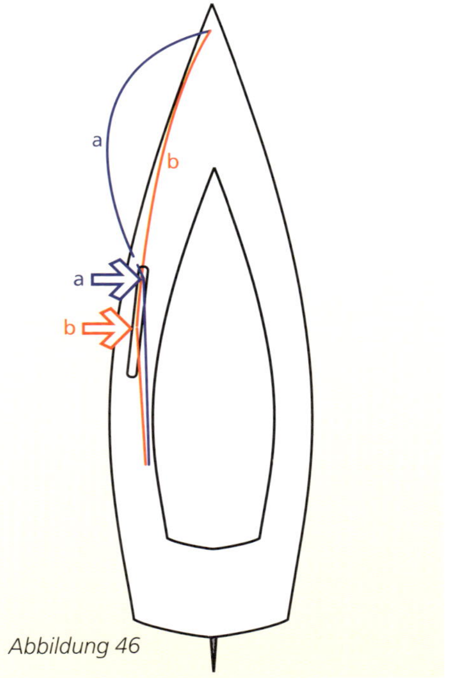

Abbildung 46

Bei Seegang und abnehmendem Wind wird der Holepunkt der Fockschot nach vorn gesetzt (a).

Der Barberholer ist nahezu gefiert.

Abstand zwischen dem Topp des Segels und dem Leitblock an Deck. Das Achterliek öffnet sich, und um dies auszugleichen, geht der Schotholepunkt nach vorn.

3.12 Der Barberholer

Wie oben angedeutet, gibt es Situationen, in denen der Zugwinkel eines Vorsegels beliebig und stufenlos verstellbar sein sollte, um die Schot schräg nach vorn oder achtern oder aber senkrecht zur Mittellinie bewegen zu können. Dies ermöglicht ein von Mr. Barber ausgetüftelter Beiholer, der so genannte Barberholer. Er besteht aus zwei Blöcken und einem Stück Schot, dem so genannten Barber-Ende. Dieses wird an einem Block befestigt, der auf der Genuaschot zwischen Holepunkt und Schothorn läuft (Abbildung 47). Das Barber-Ende wird dann über einen zweiten, vorlich an der Fußreling (oder an der Relingsstütze) befestigten Umlenkblock zur Plicht geführt, wo es belegt wird. Bei schwerem Wetter kann man das Barber-Ende als Klappläufer scheren, oder man führt es über eine freie Winsch. Zum Belegen eignet sich am besten einer der gängigen Stopper.

Abbildung 47

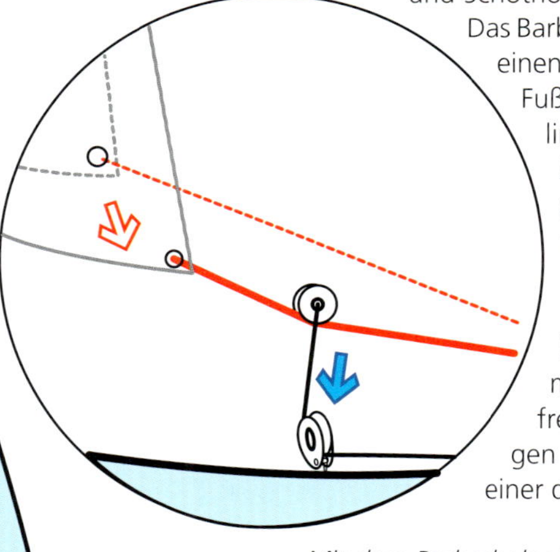

Mit dem Barberholer kann man das Schothorn nach unten ziehen und damit das Achterliek schließen.

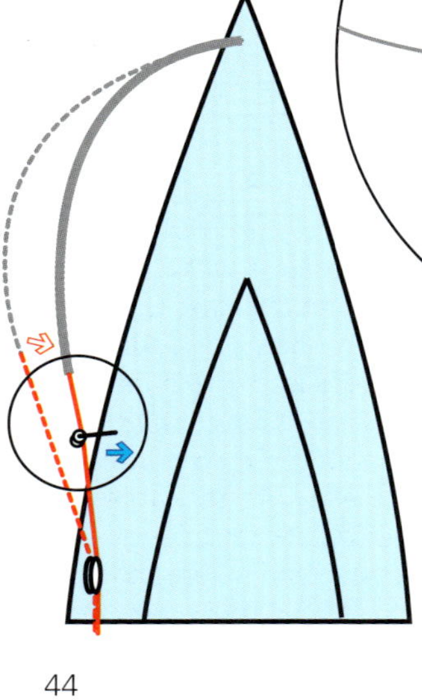

Mit dem Barberholer wird der Zugwinkel einer Schot stufenlos verändert.

4 Das Trimmen des Mastes

Im letzten Kapitel haben wir eine große Anzahl von Trimmmöglichkeiten Revue passieren lassen. Ein wichtiger Faktor, der Mast, soll nun unter die Lupe genommen werden. Es gibt sehr viele verschiedene Möglichkeiten, ein Boot zu takeln, sodass man für jedes Rigg eine spezifische Art und Weise zum Trimmen des Mastes entwickeln muss, wobei der Mast je nach Schiff eine unterschiedlich wichtige Rolle beim Trimmen spielen kann. Im Folgenden nun wichtige Möglichkeiten des Masttrimms.

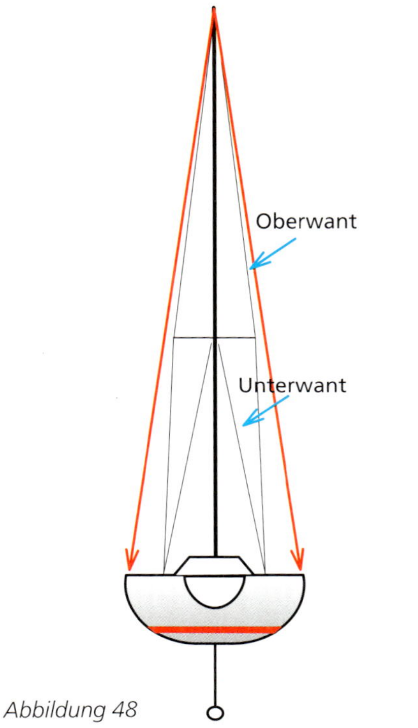

Abbildung 48

Für den korrekten Querschiffstrimm müssen gleich lange Oberwanten gefahren werden.

4.1 Der Querschiffstrimm

Ein Mast kann nach vorn und achtern getrimmt werden, jedoch nicht zur Seite. Ein Mast muss querschiffs also immer lotrecht stehen, damit das Rigg symmetrisch ist und das Boot auf jedem Bug gleich segelt bzw. die Segel einheitlich getrimmt werden können.
Sollte sich der Mast nach Backbord oder Steuerbord neigen, wird der Segeldruckpunkt auf einer Seite ein Stück weiter in Lee liegen und zusätzliche Krängung erzeugen. Auf diesem Bug tendiert das Boot dann besonders zur Luvgierigkeit. (Was die Rätselfrage manches Seglers löst, warum sein Schiff eine gute und eine schlechte »Backe« hat.) Gründe für eine unerwünschte Mastneigung sind entweder Fehler beim Setzen des Mastes oder Reck in den Stagen bei starkem Wind.
Man kann den korrekten Stand des Mastes auf zwei Arten kontrollieren. Eine erste Methode – weniger genau, aber simpel und schnell – besteht darin, mithilfe des Großfalls auf beiden Seiten des Bootes den Abstand zwischen dem Masttopp und den Püttings der Oberwanten zu messen (Abbildung 48). Ein exakteres Resultat ermöglicht eine Wasserwaage: Ein Brett mit einer Wasserwaage darauf wird quer über die Plichtbänke gelegt. Dann pendeln Sie das Schiff so aus, dass es genau waagerecht liegt, indem Sie beispiels-

weise eine Pütz Wasser an die ausgeschwenkte und fixierte Baumnock hängen. Nun kann man die Wasserwaage seitlich an den Mast halten und sehr genau ablesen, wie weit er aus dem Lot steht. Die Wanten sollten bei dieser Messung noch nicht völlig durchgesetzt sein. Stellen Sie eine seitliche Biegung des Mastes fest, korrigieren Sie es mit der Spannung der Oberwanten, die Sie auf der einen Seite erhöhen und auf der anderen vermindern. Sind Sie mit dem Ergebnis zufrieden, können die Wanten steif geholt werden, indem die Terminals an Backbord und Steuerbord die gleiche Anzahl von Umdrehungen erhalten.

Dieses Boot ist mit einem leichten Mastfall geriggt.

4.2 Der Mastfall

Unter Mastfall versteht man die Neigung des Mastes in Längsschiffsrichtung nach achtern. Bei einem senkrecht stehenden Mast ist der Mastfall demnach Null. In der Praxis hat sich gezeigt, dass offene Boote, Katamarane, teilweise auch Kajütyachten mit einem leichten Mastfall bessere Segeleigenschaften am Wind haben, als wenn sie lotrecht geriggt wären. Das gilt vor allem bei Seegang und höheren Windstärken. (Allerdings bestätigen Ausnahmen hier die Regel.)

Großer Mastfall entlastet den Bug des Schiffes und hilft ihm, besser durch den Seegang zu kommen. Ein schief nach achtern stehendes Großsegel entwickelt nicht nur Vortrieb, sondern auch eine schief nach oben gerichtete Kraft, die den Widerstand des Bootes im Wasser verringert. Durch den Mastfall wandert jedoch der Segeldruckpunkt weiter nach achtern, wodurch die Luvgierigkeit zunimmt (Abbildung 49).

Die Länge des Vorstags, das im Grunde die Position des Masttopps bestimmt, definiert auch den Spielraum des Mastfalls. Hier das richtige Maß zu finden, ist eine Sache der Praxis und lässt sich nur am Steuerverhalten des Bootes erfahren. Man muss also unter fest umrissenen äußeren Bedingungen (Kurs, Wind, Welle) experimentieren, bis man ein Gefühl für den optimalen Mastfall entwickelt. Um das Ergebnis zu definieren, hängen Sie am besten ein Gewicht an das Großsegelfall und messen auf Höhe des Baums den Abstand zwischen Mast und Fall (Abbildung 50). Dieses Maß kann künftig als Vergleichswert für das Regulieren des Mastfalls unter verschiedenen Anforderungen dienen.

Auf Kursen vor dem Wind wird ein nach hinten geneigter Mast die Eigenschaften eines Bootes negativ beeinflussen: Platt vor dem

Abbildung 49

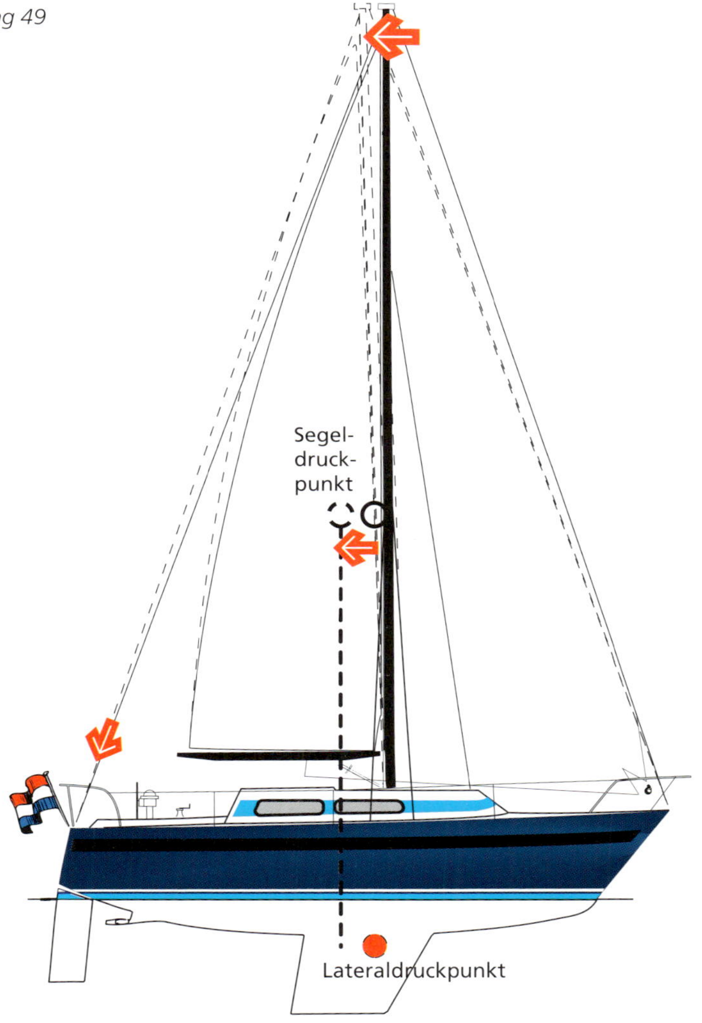

Mit dem Mastfall wandert auch der Segeldruckpunkt nach achtern.

Laken baut der Wind am Großsegel nicht wie bei vorlichen Winden einen Unterdruck auf, sondern das Segel stellt eine Projektionsfläche dar, die durch den schiefen Mast kleiner wird. Vor dem Wind sollte der Mast also besser lotrecht getrimmt sein, damit das Großsegel möglichst viel Widerstand für einen schnellen Vortrieb bietet. Bei einigen Booten ist es sogar

Abbildung 50

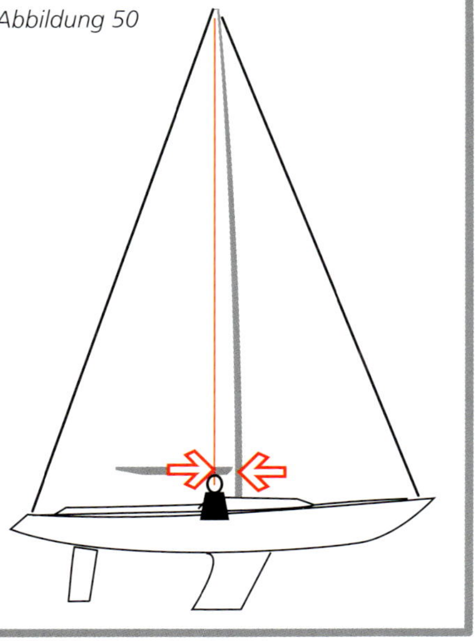

empfehlenswert, den Mast auf Vorwindkursen etwas nach vorn fallen zu lassen. Dann wird das Großsegel wieder umströmt, das heißt, in Lee des Segels entsteht ein Unterdruck, der Vortrieb nimmt zu. Dies alles ist natürlich nur möglich bei Booten mit verstellbarem Mast und ist daher weitgehend auf Regattaschiffe beschränkt.

4.3 Die Mastbiegung

Während Sie mit dem Mastfall das Steuerverhalten eines Bootes beeinflussen, dient das Biegen des Mastes gänzlich anderen Zwecken. Sie können damit vor allem drei Dinge erreichen:

Mit einem Gewicht am Großsegelfall können Sie das Maß des Mastfalls bestimmen.

Je weiter der Mast nach achtern gebogen wird, desto weiter verschiebt sich der Bauch des Segels nach vorn.

Abbildung 51

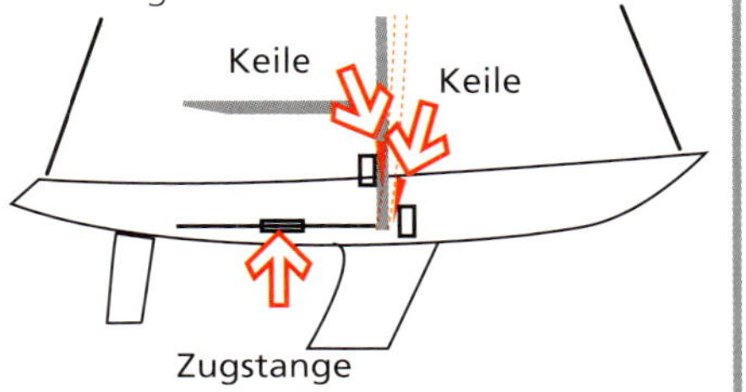

Beispiel für die Vorbiegung eines durchgehenden Mastes.

– das Fixieren oder Stabilisieren des Mastes im Seegang;
– das Trimmen des Großsegels bei zunehmendem Wind;
– das Trimmen des Vorstags bei zunehmendem Wind.

Auf See kann ein Mast unter Einwirkung von Wind und Wellen auf gefährliche Weise zu pumpen beginnen, wobei er sich peitschenartig biegt und streckt. Folge ist eine rhythmische Be- und Entlastung des Vorstags mit negativen Konsequenzen für das Profil des Vorsegels und dessen Leistung. Das Material ermüdet, das Risiko eines Mastbruchs steigt. Unter widrigen äußeren Wetterbedingungen wird es kaum möglich sein, das Vorstag ordentlich nachzutrimmen.

Können Sie den Mast biegen, haben Sie die Situation im Griff. Wer es für nützlich hält, kann härteres Wetter schon beim Setzen des Mastes einkalkulieren und vorab eine definierte Mastbiegung wählen. Der Fachmann nennt diese Vorbiegung »Prebend«. Bei einem durchgehenden Mast ziehen Sie den Mastfuß auf seiner Spur nach achtern und verkeilen hinten zusätzlich den Mastdurchbruch im Deck (Abbildung 51). Sie werden auf diese Weise allerdings nicht den ganzen Mast, sondern nur seinen unteren Teil biegen können. Ruht der Mastfuß an Deck, müssten Sie mit Vor- und Achterstag sowie den Wan-

Abbildung 52

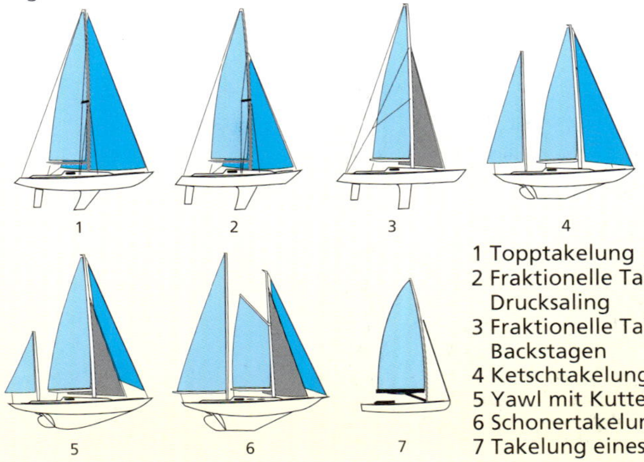

1 Topptakelung
2 Fraktionelle Takelung mit Drucksaling
3 Fraktionelle Takelung mit Backstagen
4 Ketschtakelung
5 Yawl mit Kuttertakelung
6 Schonertakelung
7 Takelung eines offenen Bootes

Takelungsarten.

Abbildung 53

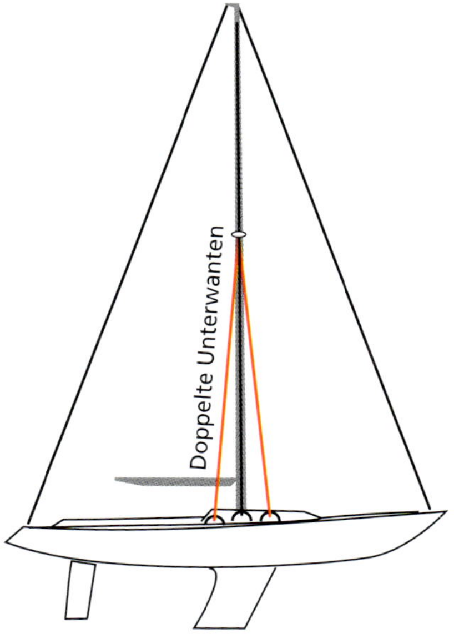

Die Salinge des toppgetakelten Riggs sind rechtwinklig zur Mittschiffslinie angebracht.

ten arbeiten. Wie das funktioniert, hängt von der Art der Takelung ab.
Kann die Mastbiegung während des Segelns verändert werden, ist das ein Plus, denn je mehr der Mast nach achtern unter Spannung kommt, desto deutlicher rückt die Wölbung des Segels nach vorn und desto flacher zieht sich das Tuch. Anders ausgedrückt: Je mehr Sie den Mast biegen, desto geringer wird die Leistung des Groß, da es flacher wird. Also sollte der Segelmacher beim Kalkulieren seiner Bahnen schon genau wissen, wie die Beugecharakteristik des Mastes aussieht. Einem sehr biegsamen Mast wird er ein entsprechendes Segel mit deutlichem Profil schneidern. Die maximale Wölbung des Tuchs kommt dann lediglich bei leichtem Wetter zum Tragen, wenn der Mast gerade gefahren wird. Nimmt der Wind zu, kann man den Mast nach achtern biegen und das Profil zunehmend abflachen.

4.4 Trimm eines toppgetakelten Riggs

Bei einer Topptakelung (Abbildung 52) wird die Mastspitze durch Vor- und Achterstag und den über die Salinge geführten Oberwanten gestützt. Unterwanten stabilisieren den Mast zusätzlich querschiffs. Das stehende Gut eines toppgetakelten Riggs besteht demnach aus den Oberwanten (auch Toppwanten), den Stagen vorn und achtern sowie den in der Regel doppelten Unterwanten. Ein derart fixierter Mast soll sich eigentlich gar nicht biegen lassen und ist demnach auch nicht nach oben hin verjüngt. Das Großsegel hat deshalb wenig Profiltiefe, um bei auffrischendem Wind keine überschüssige Energie zu erzeugen.
Natürlich kann man auch den Mast eines toppgetakelten Bootes biegen, sofern man dies bei der Verstagung berücksichtigt: Ein Heckstagspanner ermöglicht einen kontinuierlichen Zug nach achtern auf die Mastspitze, wobei die Salinge rechtwinklig zur Mittschiffslinie montiert sein sollten (Abbildung 53). Stehen sie dagegen leicht gepfeilt, können sie auf den Mast Druck nach vorn ausüben und bilden im Zusammenspiel mit den Oberwanten eine Art stabiles Dreieck. Diese Anordnung kann erhebliche Kräfte übertragen. Setzt man die Oberwanten durch, sorgt der rechtwinklige Salingdruck für eine Biegung des Mastes nach vorn, wobei sich die Mastspitze nach

Abbildung 54

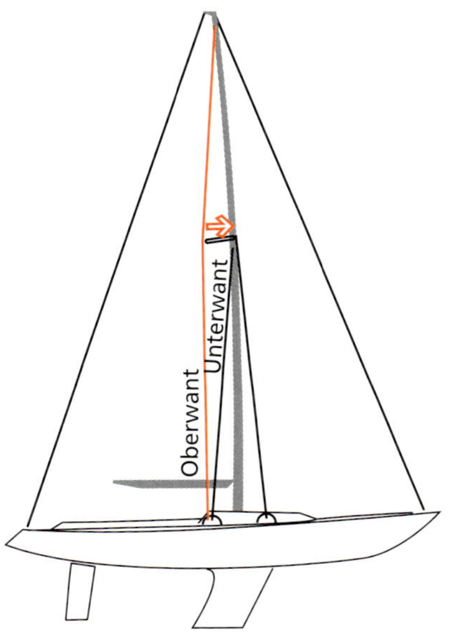

Mastbiegung durch Drucksaling.

Abbildung 55

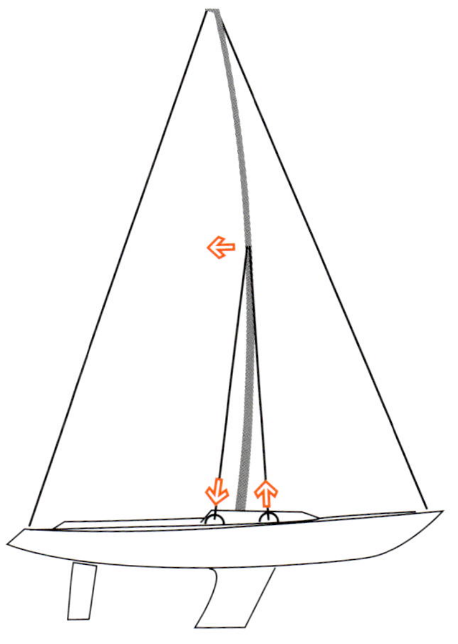

Verringerung der Mastvorbiegung.

achtern bewegt (Abbildung 54). Diese Art, einen Mast zu biegen, nennt man Druckbiegen – eine bei Topptakelagen gängige Form. Faktisch handelt es sich hier um eine Vorbiegung, die den Mast stabilisiert. Man kontrolliert und verringert sie durch die Unterwanten. Das vordere Paar der Unterwanten wird gefiert und das hintere Doppel im Gegenzug dichter gesetzt (Abbildung 55). Bei einer solchen Anordnung benutzt man den Achterstagspanner vor allem, um den Zug im Vorstag und damit die Wölbung des Vorsegels einzustellen. Wie schon erwähnt, kann dieser Spanner – vorausgesetzt, Salinge und Püttings der Oberwanten stehen querschiffs zum Mast – auch die Mastbiegung mehr oder minder beeinflussen, je nach Steifheit des Mastes. Natürlich muss man immer die Spannung der Unterwanten an das veränderte Profil des Mastes anpassen. Auf den zahlreichen toppgeriggten Tourenyachten ist dies während des Segelns jedoch nicht zu realisieren, man sollte dennoch auf den Achterstagspanner nicht verzichten.

4.5 Trimm eines fraktionellen Riggs

Bei einem fraktionell getakelten Mast (wie etwa bei einem 7/8-Rigg) greift das Vorstag

Abbildung 56

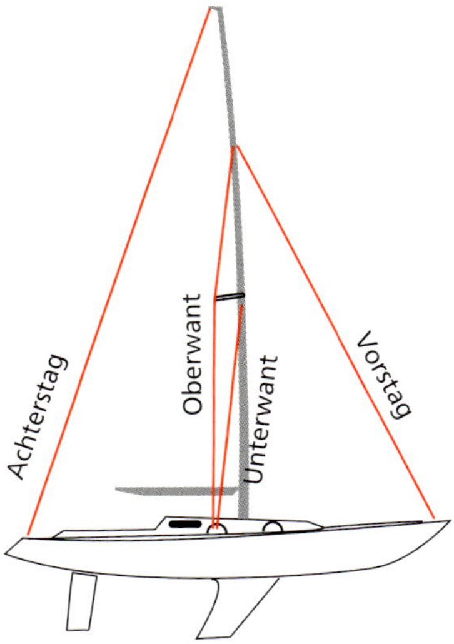

Fraktionelles Rigg mit Drucksaling.

ein Stück unterhalb des Topps an. Das macht den Mast erheblich biegsamer, zumal man bei dieser Art Rigg nach oben verjüngte Masten bevorzugt. Dies erleichtert es im Gegensatz zur Topptakelung ganz erheblich, das Profil eines Großsegels auf unterschiedliche Wind- und Wellenverhältnisse abzustimmen. Der Trimmbereich nimmt zu, und das Großsegel kann bauchiger geschnitten sein. Bei weiter auffrischendem Wind lässt sich die Wölbung durch zusätzliches Mastbiegen stufenlos abflachen.

Regattaschiffe wie dieses fahren in der Regel Backstagen.

Es werden zwei Arten fraktioneller Takelung unterschieden:
- die Takelweise, bei der die Salinge nach vorn gepfeilt als Drucksalinge ausgelegt sind;
- die Takelweise mit Backstagen.

Fraktionelle Takelung mit Drucksalingen

Beim Trimmen eines Mastes bestimmen Sie grundsätzlich zuerst den Mastfall. Sie setzen die Oberwanten unter Vorspannung, wobei Sie im Auge behalten, den Mast senkrecht zur Querschiffsrichtung zu stellen. Bevor Sie die Oberwanten dichtsetzen, bringen Sie das Achterstag auf Zug, wodurch Sie die Mastspitze nach hinten holen und die angepeilte Biegung einstellen. Setzen Sie die Oberwanten durch. Anschließend kann man das Achterstag fieren, was die Oberwanten stark unter Spannung bringt und dem Mast seine Vorbiegung verleiht. Diese können Sie dann mithilfe der Unterwanten fixieren.

Die Püttings der Unterwanten stehen beim fraktionellen Rigg genau wie jene der Oberwanten achterlich des Mastes. Während die Oberwanten den Mast deshalb über die Salinge in der Mitte nach vorn drücken, sorgen die hinteren Unterwanten dafür, die Bruchbelastung des Riggs im Rahmen zu halten (Abbildung 56). Je größer die Spannung der Unterwanten, desto gerader ist der Trimm des Mastes. Da Oberwanten und Vorstag auf gleicher Masthöhe angreifen, bestimmt die Spannung der Oberwanten den Zug im Vorstag. Der Nachteil ist, dass man die Spannung des Vorstags nicht regulieren kann. Es wird immer hart stehen, womit man sich bei leichtem Wetter raumschots einen Nachteil einhandelt (Abbildung 57). Um dieses Problem zu umgehen, kann man am Angriffspunkt des Oberwants Backstagen befestigen, was in gewissen Grenzen die Kontrolle über das Vorstag zurückbringt.

Abbildung 57

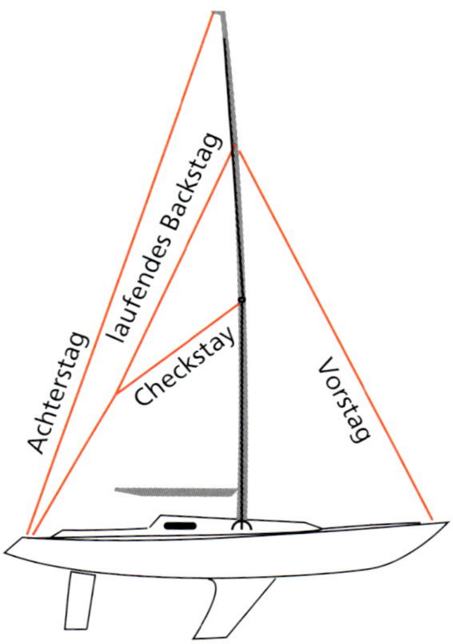

Fraktionelles Rigg mit Backstag und Checkstay.

Fraktionelle Takelung mit Backstagen

Die meisten Trimmmöglichkeiten bekommen Sie, wenn Sie ein fraktionell getakeltes Rigg mit Backstagen ausrüsten. Das stehende Gut sieht folgendermaßen aus (Abbildung 57):

– Ober- und Unterwanten sitzen an Püttings, die quer vom Mast an Deck angebracht sind;
– die Salinge stehen exakt querschiffs;
– Vorstag und Backstagen sind am Mast auf gleicher Höhe befestigt;
– längere Masten verfügen über so genannte »Checkstays« (Kontrollstagen), um die Mastbiegung kontrollieren zu können.

Mithilfe der Backstagen wird in erster Linie die Vorstagspannung erhöht. Ferner helfen sie, den Mast zu stützen. Beim Segeln erfordern Backstagen eine umsichtige, genaue und flotte Bedienung. Wer sie nicht richtig bedient, riskiert bei stärkeren Winden einen Mastbruch. Dies ist ein Grund, warum sie auf vielen Fahrtenschiffen wenig beliebt sind. Vom Standpunkt des Trimms aus gesehen, sind Backstagen jedoch ideal. Je nach Größe der Schiffes wird man sie unterschiedlich bedienen: Bei offenen Booten oder kleinen Regattayachten (bis ungefähr acht Meter Länge) genügen Taljen, die eine Grob- und eine Feineinstellung ermöglichen. Größere Schiffe brauchen eine Winsch für das holende Ende des Backstags (Abbildung 58).

Möchte man die Mastbiegung beim Segeln ändern, kann man das durch mehr oder mindere Spannung auf dem Achterstag erreichen. Backstag und eventuell Checkstay sorgen dann dafür, dass der Mast nicht nach vorne bricht. Die Wanten müssen beim Einstellen nicht beachtet werden, sie haben auf die Mastbiegung keinen Einfluss.

Ein an Deck stehender Mast kann sich auf seiner Spur bewegen, sofern die Püttings nahe am Mast liegen und die Konstruktion des Mastfußes ein Verstellen erlaubt. Damit ist der Mastfall veränderbar. Soll er unter Segeln verändert werden, muss das Vorstag in seiner Länge variabel sein.

4.6 Trimm eines offenen Bootes

Das Rigg eines offenen Bootes bietet von allen bislang besprochenen Takelweisen die meisten Möglichkeiten zum Trimmen. Der große Vorteil liegt insbesondere in einem oft sehr biegsamen Mast und dem Fehlen des Achterstags.

Die Mastbiegung hängt von folgenden Faktoren ab:

– dem Mastprofil;
– der Länge und dem Winkel der Salinge;

Abbildung 58

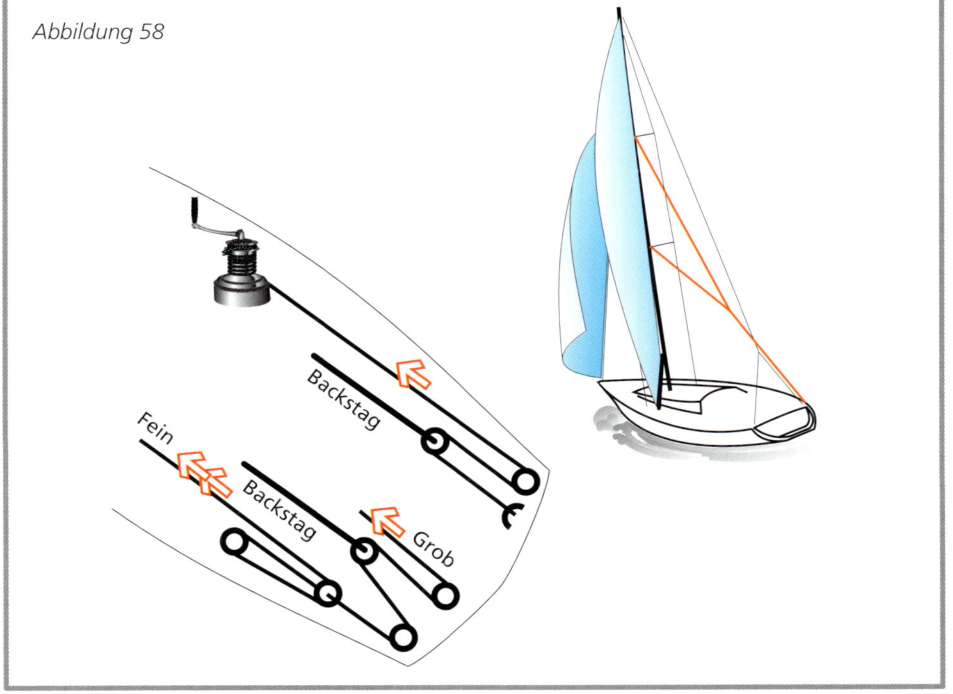

Große Yachten benötigen eine Winsch, um das Backstag zu bedienen; bei kleinen Booten ermöglichen Taljen grobe und feine Einstellungen.

– der Spannung des Baumniederholers;
– der Spannung des Mastkontrollers;
– der Zugrichtung der Großschot.

Je steifer ein Mast ist, desto weniger biegt er sich bei zunehmendem Wind, und desto mehr Wölbung kann das dazugehörige Segel vertragen. Gewicht muss auf die Kante, um aufrecht zu segeln. Eine leichte Besatzung wird dabei schnell an ihre Grenzen gelangen und alsbald die Kontrolle über das Boot verlieren können. In dem Fall wäre ein flexibles Mastprofil nützlich, das rasch nachgibt, dabei das Achterliek des Großsegels öffnet und es flacher macht. Dadurch verliert der obere Teil des Segels Druck, und das Schiff lässt sich mit weniger Gewicht aufrecht segeln. Ein Mastprofil müsste so gesehen eigentlich schon auf die spätere Crew abgestimmt sein (falls die Klassenvorschriften unterschiedliche Mastprofile tolerieren), um ein Schiff optimal zu trimmen.

Salingwinkel bestimmen, wie weit sich ein Mast nach vorn durchbiegen kann. Je schärfer die Salinge gepfeilt sind (und je länger sie sind), desto mehr Kraft können sie über die Wantenspannung ausüben. Dabei ist eine hohe Wantenspannung nicht nur nötig, um den Mast zu biegen, sie sorgt auch für einen entsprechenden Zug im Vorstag.

Da Mast und Baum offener Boote erheblich

Trimmen eines offenen Bootes.

flexibler sind als die einer Kajütyacht, spielt bei ihnen der Niederholer eine bedeutende Rolle. Setzt man den Baumniederholer eines offenen Bootes stramm durch, wird der Baum geradezu gegen den Mast gepresst und biegt ihn nach vorn durch; zugleich schließt der Niederholer das Achterliek des Großsegels. Das Liek öffnet sich erst wieder, wenn der Mast weiter gebogen wird. So kann das Durchsetzen des Niederholers einen beträchtlichen Einfluss auf den Trimm des Mastes haben (Abbildung 59).

Abbildung 59

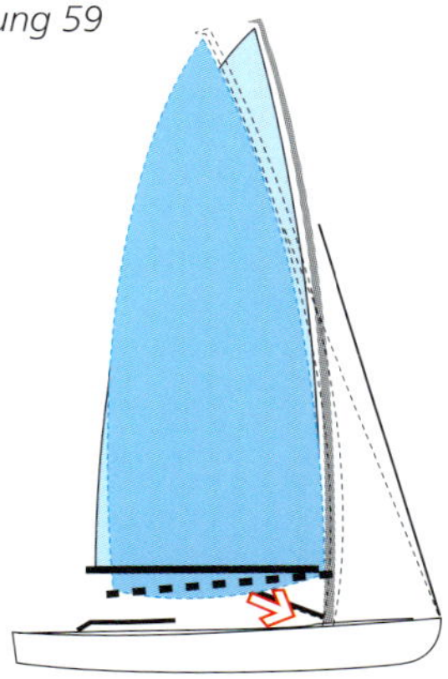

Holt man den Baumniederholer bei einer Jolle dicht, verändert man die Mastbiegung.

Abbildung 60

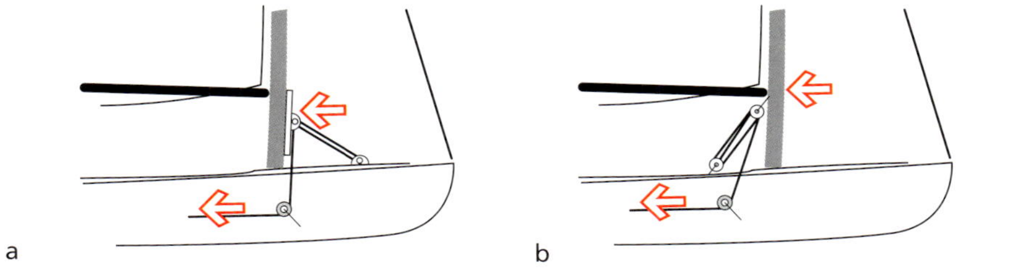

Die Verringerung der Mastbiegung durch Mastkontroller (a) und Talje vom Lümmelbeschlag nach achtern (b).

Eine weitere Trimmvorrichtung ist der Mastkontroller. Er kommt auf offenen Booten wegen der hohen Biegefähigkeit der Masten zum Einsatz und soll unerwünschte Beugungen in Grenzen halten. Der Mastkontroller greift auf Höhe des Lümmelbeschlags an und kann punktgenau die Biegewirkung des Baumniederholers aufheben. Zumeist besteht ein Kontroller aus einer an der Vorderseite des Mastes befestigten Metallstange, die schräg zum Deck in ein Widerlager läuft. Der Winkel zwischen Stange und Deck und damit der Gegendruck bleibt über einen Scheibenmechanismus über Umlenkrollen variabel. Die etwas aufwändige Konstruktion lässt sich durch eine Talje auf der Innenseite des Mastes ersetzen, die Gegenzug zum Niederholer schafft (Abbildung 60). Die Großschot kann die Biegewirkung des Niederholers ersetzen: Verlegt man ihren Angriffspunkt am Baum nach achtern, wird die Schot beim Dichtholen ähnlich wie der Niederholer über die Spiere nach vorn wirken. Das kann nützlich sein, falls der Baumniederholer gefiert bleiben muss, das Segel aber im unteren Teil durch Mastbiegung flacher getrimmt werden soll.

5 Die Segelherstellung

Bislang haben Sie Ihr Augenmerk auf die Bedeutung der richtigen Form des Segels gerichtet sowie auf die Hilfsmittel, die Seglern dafür zur Verfügung stehen. In diesem Kapitel werden die Segel selbst in den Mittelpunkt gerückt. Welche Segel benötigen Sie? Woraus sollten sie hergestellt sein? Wie sind sie gefertigt worden? Im Folgenden nun ein kurzer Einblick in die Herstellung von Segeln und ein Eindruck von verschiedenen Tuchsorten.

5.1 Der Entwurf

Segelmacherei bedeutete vor einigen Jahrzehnten noch pures Handwerk. Das modernste Gerät, das dabei zum Einsatz kam, war die elektrische Nähmaschine. Heute ist das Anfertigen von Segeln vor allem Computerarbeit, besonders bei der Konstruktion der Segel. In der Produktion rattern heute noch immer Nähmaschinen.

Wer früher ein neues Segel brauchte, ging mit den Plänen seines Bootes zum Segelmacher und sprach mit ihm seine Wünsche durch. Der Segelmacher benötigte bloß ein paar Notizen in seiner Kladde und machte sich damit ans Werk. Viele Materialien standen nicht zur Auswahl. Die Entscheidung für Tuchsorte und Tuchgewicht fiel nach einem festen Schema und bereitete wenig Kopfzerbrechen. Inzwischen sind bei der Wahl der Segel kaum noch Grenzen gesetzt. Und diese Grenzen bestimmt fast ausschließlich der Geldbeutel.

Heute gibt es eine enorme Bandbreite von Tuchsorten und die Möglichkeit verschiedenster Schnitte. Die Bedingungen, unter denen ein Segel seine optimale Leistung bringen soll, können Segelmacher von vornherein einkalkulieren. Segelmacherei ist so gesehen Maßarbeit geworden, die mit dem Entwurf des

J = Der Abstand vom Vorstag zum Mast
I = Der Abstand vom Masttopp zum Deck
P = Der Abstand von der Oberkante des Großbaums bis zum Fallaustritt
E = Der maximale Abstand vom Mast zur Umlenkrolle des Unterliekstreckers

Abbildung 61

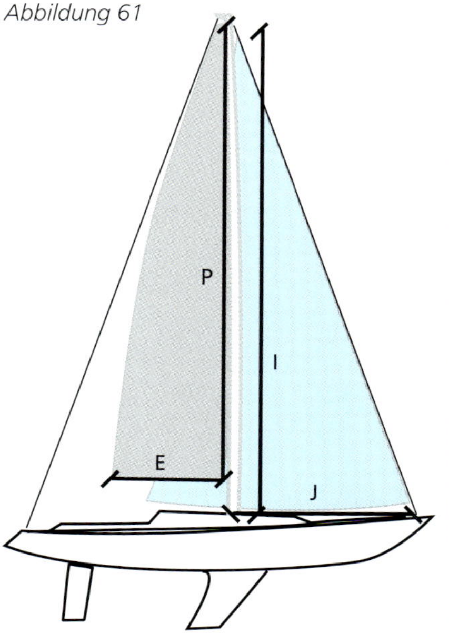

Einige Daten für die Konstruktion von Segeln.

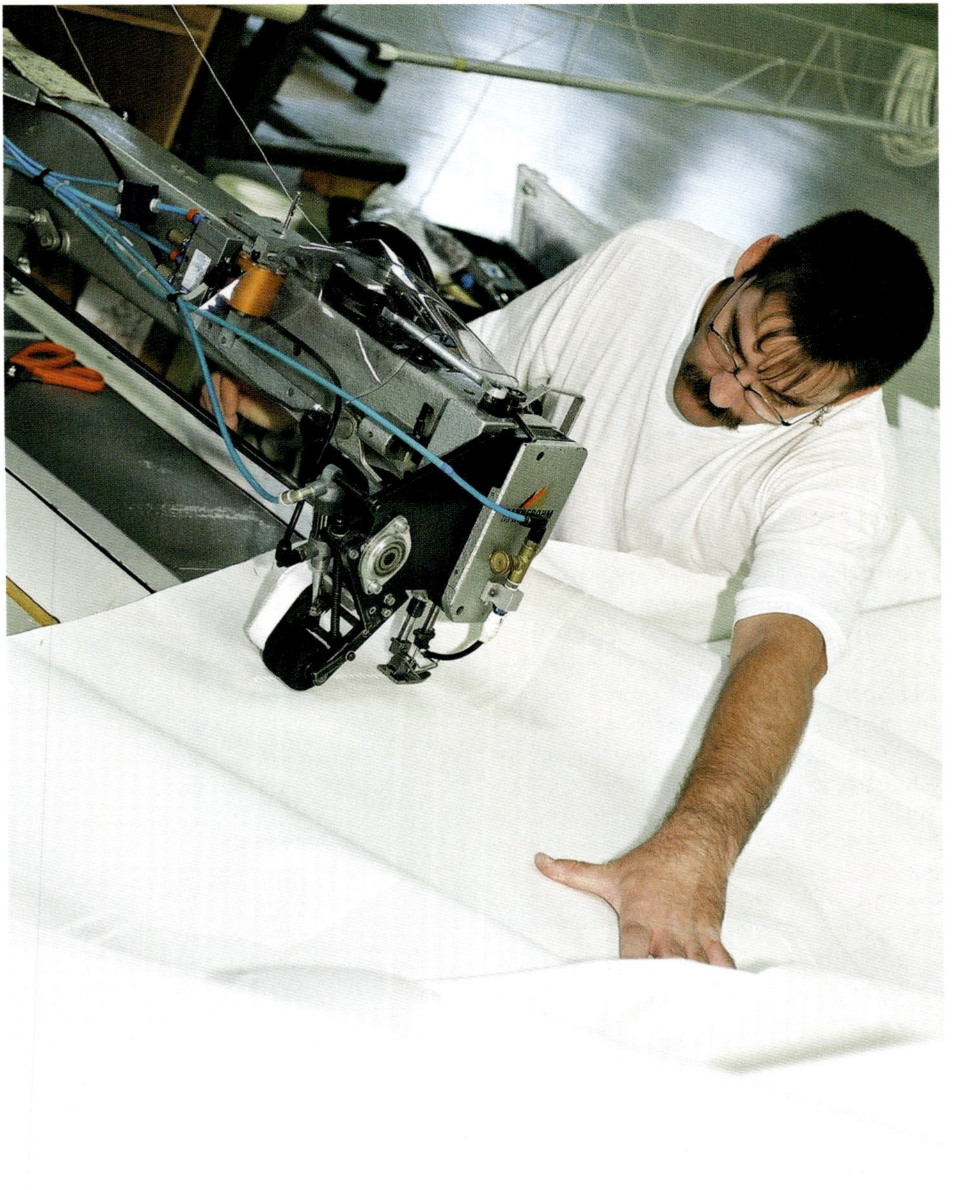

Segelmacher bei der Arbeit.

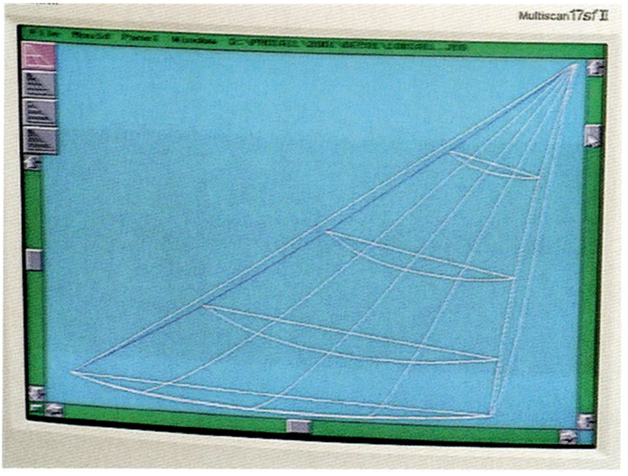

3D-Darstellung eines Vorsegels am Computerbildschirm.

Segels beginnt. Dabei geht man von bestimmten Daten aus, wie etwa von den Maßen des Schiffes, der Art und Größe des Segels und der Länge seiner Lieken. Für den Regattabetrieb existieren verbindliche Vereinbarungen, in denen entscheidende Maße definiert sind (Abbildung 61). Die Segelmacher wissen, welche Daten zu beachten sind.
Auch lokale Bedingungen, denen ein Segel ausgesetzt sein wird, werden unter Umständen bei dem Entwurf beachtet: Wird das Segel zum Beispiel in einem ausgesprochenen Leichtwetterrevier gefahren oder in einer Region, wo es bekanntermaßen stark weht? Ferner ist der Bootstyp von Belang. Haben wir es beispielsweise mit einem Fahrtenschiff zu tun oder mit einer vollblütigen Rennziege? Gibt es zur Bedienung der Segel immer genug Leute an Bord, oder segelt die Yacht praktisch im Einhandbetrieb? Welches Rigg steht auf dem Boot, fährt man einen harten oder einen weichen Mast? Wie viel Twist soll das Segel bekommen, und wie steht es mit Fallen, Schoten, Streckern und Holern, die dem Segel seine Form geben sollen? Mit solch einem Bündel an Informationen setzt sich der Segelmacher an seinen Computer. Er überträgt die Parameter in sein CAD-Programm (CAD = Computer Aided Design) und entwickelt auf dem Bildschirm einen dreidimensionalen Entwurf, der ihm einen ersten Eindruck von der Wölbungstiefe sowie der vertikalen Formverteilung des Segels gibt. Nun kann der Fach-

Ein rechnergesteuerter Plotter einer Segelmacherei.

Hier werden zusätzliche Bahnen zur Verstärkung eines Schothorns aufgesetzt.

mann so lange seine Vorstellungen variieren, bis die Gestalt des Segels seinen Ideen entspricht. Doch noch immer ist die Entwicklung eines Segels eine Frage von Gefühl und Erfahrung der Rechner kontrolliert, prüft den letzten Entwurf auf aerodynamische Eigenschaften und Fehler. So können Schwachpunkte umgehend korrigiert werden. Schließlich wird bestimmt, welches Material in Frage kommt und wie schwer es sein soll. Die Schwere des Tuchs richtet sich nach der Gesamtsegelfläche in Beziehung zum Gewicht des Bootes und seiner Anfangsstabilität. So verlangen beispielsweise Boote mit hoher Anfangsstabiliät wie etwa ein Plattbodenschiff oder ein Katamaran schwereres Segeltuch als eine moderne einrümpfige Rennyacht.
Große Segelmachereien senden ihre Daten heutzutage digital an die führenden Tuchlieferanten. Diese Firmen stecken den Computerentwurf in ihre lasergesteuerten Schneidemaschinen, die umgehend mit dem Zuschnitt beginnen. So landen die Bahnen vorgefertigt beim Segelmacher, der sie dann zum Segel zusammennäht.
Im dreidimensionalen Computermodell wird der Verlauf der Nähte exakt angegeben, denn Nähte sind abhängig vom gewählten Schnitt und den Hauptspannungsrichtungen des Segels. Für traditionelles Tuch bedeutet dies, dass ein aus Kette und Schuss bestehendes Gewebe senkrecht, nicht diagonal auf dem Achterliek stehen muss. An Kopf, Hals und Schothorn zeigt die Belastung zur jeweiligen Ecke, weshalb man hier am besten radiale – halbrund gewebte – Bahnen einpasst. Da der Laserschneider mit Unterstützung des Rechners in einer Toleranz von 0,1 Millimetern arbeitet, kann man heute den Verschnitt von Tuch minimieren.
Vom Vorliek aus setzt man die Bahnen zusammen. Man nutzt dabei eine Mischtechnik aus Kleben, Nähen und »Tapen«. Sind die Tuchstreifen aneinander gefügt, werden auf dem flach ausgebreiteten Segel die noch fehlenden Details markiert: beispielsweise Lattentaschen, Reffaugen, die Cunningham-Kausch, die Hohlnaht der Liekleine, eventuell auch ein Fenster. Danach kann der Segelmacher letzte Hand anlegen.

5.2 Tuchsorten

Beim Trimmen geht es darum, das Segelprofil verschiedenen Wind- und Wasserverhältnissen optimal anzupassen. Ein bestimmtes Profil muss aus der Sicht eines Segelmachers natürlich zu realisieren sein. Zweitens, und davon wird nun die Rede sein, sollte das Tuch seine ursprüngliche Form möglichst lange halten können, auch über einige Jahre intensiven Gebrauchs. Segeltuch ist jedoch kein fester Stoff, nach einiger Zeit ist es ausgereckt. Mit anderen Worten: Es verliert seine Effektivität. Allerdings sind inzwischen Tuchsorten auf dem Markt, besser gesagt Kombinationen von Materialien, die den Reck stark reduzieren. Doch jede Innovation hat ihren Preis. In diesem Fall gilt das weniger im übertragenen als

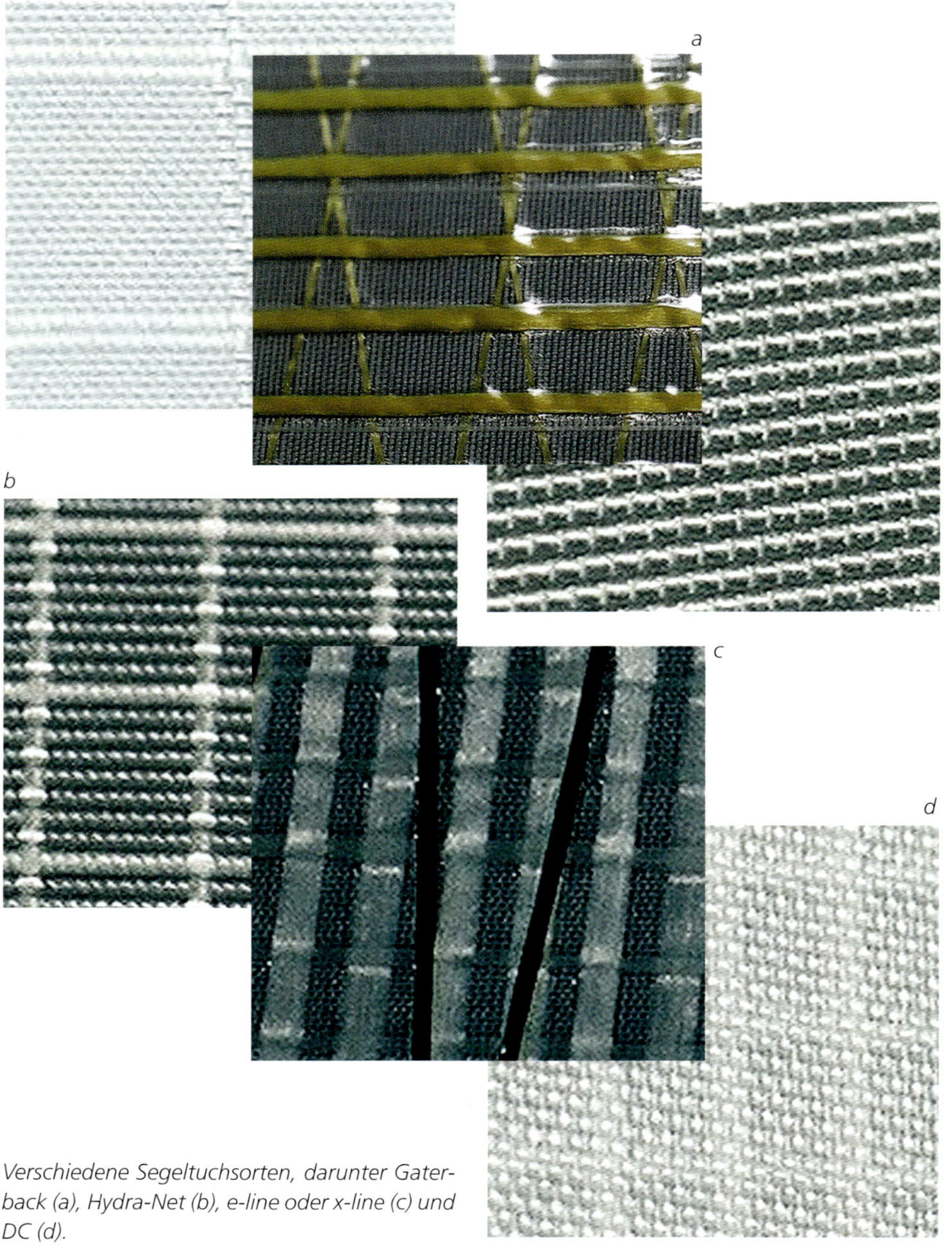

Verschiedene Segeltuchsorten, darunter Gaterback (a), Hydra-Net (b), e-line oder x-line (c) und DC (d).

im wörtlichen Sinne: Moderne hybride, also gemischte Tuchsorten sind drei- bis zehnmal teurer als Standardmaterial und haben nur die halbe Lebensdauer. Da muss man schon ziemlich fanatisch sein, um den Auftrag nach dem Kostenvoranschlag des Segelmachers nicht gleich abzulehnen. Die besonders innovativen (teuren) Segel werden in der professionellen Regattasegelei genutzt, wo man den Satz Segel einige Male pro Saison erneuert.

Segeltuch aus Polyester ist bei Tourenseglern sehr beliebt und wird sowohl für Fock wie Großsegel häufig verarbeitet. Das Tuch ist bekannt unter den Markennamen Dacron, Trevira oder Diolen. Da es bei Segeln für Fahrtenyachten die meistgebrauchte Faser ist, verstand man darunter »normales« Segeltuch, doch bei der Vielfalt von Segeltuchen sind heute auch andere für Fahrtensegel »normal«.

Die Fäden des Polyestersegeltuchs werden auf eine spezielle Art verwebt, was eine hohe Formbeständigkeit ergibt. Anschließend wäscht man es. Das Tuch wird zum Schrumpfen erhitzt, dann flach gewalzt und fakultativ mit einem Harz imprägniert. Die Imprägnierung dient vor allem dazu, dem diagonalen Reck von Polyestertuch entgegenzuwirken, den seine Webmethode mit sich bringt. Am Ende der Herstellung erhält man ein relativ formfestes Segel.

Die Versiegelung mit Harz hält jedoch nicht für alle Zeit. Dadurch verliert das Gewebe an Halt. Das Segel – besonders das viel benutzte Großsegel – beult aus. Um eine ungewollte Profilveränderung infolge starken Winds zu verhindern, kann zwischen zwei dünnen Lagen Polyestertuch eine formstabile, hauchdünne Folie aus Polyester (bekannt als Mylar) verleimt werden. Ein derart verarbeitetes Laminatsegel ist rund ein Drittel leichter als konventionelles Polyestertuch, aber doppelt so teuer – und es hält nur halb so lang. Die Lebensdauer verlängert sich erheblich, wenn man ein Laminatsegel nach dem Segeln grundsätzlich aufrollt. Falten und Knicke kann Mylar nicht vertragen, es bricht. Ist man doch gezwungen, das Segel zu falten, etwa beim Auftuchen des Großsegels auf dem Baum, sollte man den Faltenwurf immer leicht ändern.

Segler, die noch formfestere Segel haben wollen, können die Aramidfaser Kevlar wählen. Diese Sandwich-Tuche werden aus einem Polyester- und einem Aramidfaden gewebt und anschließend beiderseits mit einem dünnen Mylar-Film beschichtet. Hier gilt insbesondere: Je stabiler das Material, desto empfindlicher und teurer wird es.

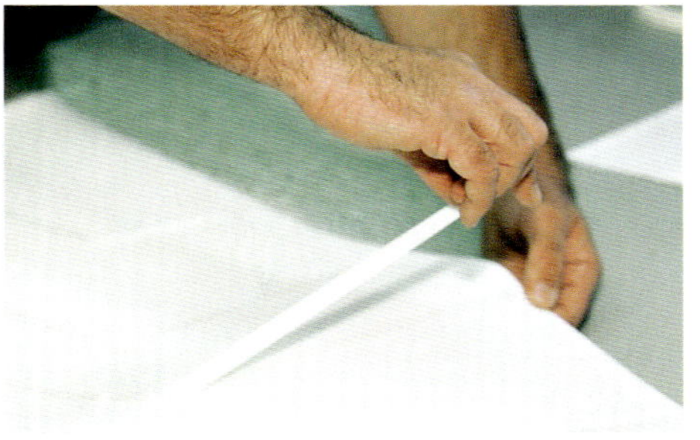

Nach dem Steppen und Kleben werden die Nähte mit UV-beständigem Tape abgedeckt.

Mit dem Anbringen der Trimmleine im Achterliek ist das Segel fertig gestellt.

Das Einschlagen einer Kausch.

Noch formstabiler ist ein Segeltuch mit Karbonfasern (aus Kohlenstoff), die Sandwich-Tuchen noch mehr Formfestigkeit geben. Eine teure Lösung und für den durchschnittlichen Tourenskipper kaum eine Option.

Abbildung 62

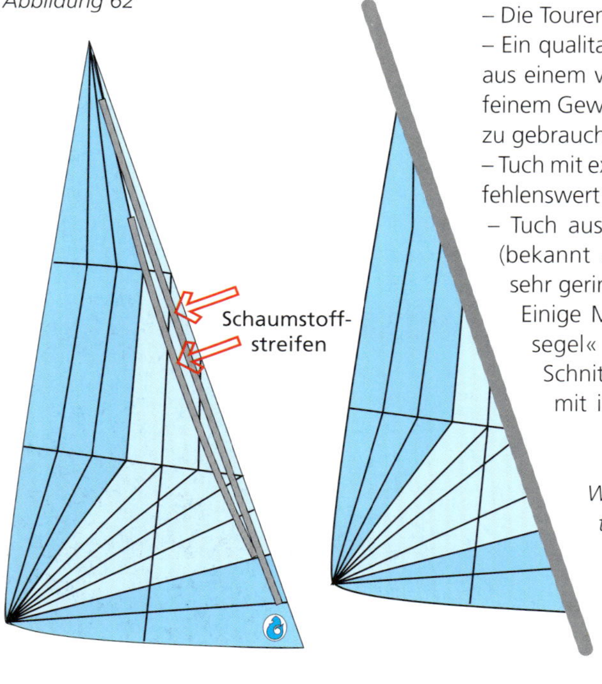

Die meisten Fahrtensegler beschränken sich auf die verschiedenen Möglichkeiten der Polyestertuche. Die Eigner von Mehrrümpfern, von Cat oder Trimaran, ziehen fast immer leichtere Laminatsegel vor, denn solche Boote verfügen über eine enorme Formstabilität. Hier müssen die Segel bei einer Bö viel größere Kräfte auffangen als auf einer Einrumpfyacht; diese krängt und nimmt dann Fahrt auf. Ein Cat jedoch muss einen plötzlichen Zufluss von Energie in Geschwindigkeit umsetzen. Das bedeutet eine hohe Belastung für Takelage und Segel. Das Tuch sollte daher eine hohe Festigkeit haben. Schwereres Polyester würde in Frage kommen, jedoch lässt sich das Material weniger gut trimmen als leichtes Tuch. Deshalb ist Letzeres vorzuziehen.

Tourensegler konzentrieren sich wie gesagt meist auf Polyestertuche, die unterschiedliche Formbeständig aufweisen:

- Die Tourenqualität ist wenig stabil.
- Ein qualitativ hochwertigeres Segel besteht aus einem vielseitig verwendbarem Tuch aus feinem Gewebe. Auch für Radialsegelschnitte zu gebrauchen.
- Tuch mit extra Kette und Schussfaden. Empfehlenswert für Radialsegel.
- Tuch aus Polyester mit Polyethylen-Faser (bekannt als Dyneema oder Spectra) mit sehr geringer Dehnung.

Einige Male ist jetzt der Begriff »Radialsegel« gefallen. Er bezeichnet den Schnitt des Segels, wie die Tuchbahnen mit ihren Kett- und Schussfäden be-

Wenn dreidimensional geschnittene Segel zweidimensional um ein Stag gewickelt werden, können Schaumstoffstreifen kurz hinter dem Vorliek die Form des Segels bewahren.

Triradialer Spinnaker: Die beanspruchten Ecken des Segels sind radial geschnitten, sodass die Kräfte optimal verteilt werden.

zúglich ihrer Lastrichtung zusammengesetzt sind. Bei Großsegeln sind die Bahnen meist horizontal angeordnet. Vorsegel, bei denen die Kräfte erheblich mehr zum Schothorn geleitet werden, sind dagegen oft radial oder sogar biradial geschnitten (Abbildung 62). Spinnaker, die übrigens nicht aus Polyester, sondern aus empfindlichem, leichten Nylon hergestellt werden, zeigen sogar oft einen triradialen Schnitt (Abbildung 63).

Rollsegel sind ein Kapitel für sich, besonders die Rollfock. Dieses Segel wird bei unterschiedlichen Windstärken gefahren: Voll entfaltet bei sanfter Brise oder nahezu eingedreht im Sturm. Die Kräfte auf das Segel variieren also erheblich. Es macht daher Sinn, in einem Rollsegel Tuch verschiedener Stärken zu verarbeiten.

Da das dreidimensional geschnittene Segel beim Einrollen zweidimensional um ein Stag gewickelt wird, geht dies auf Kosten des Profils. Dem Formverlust kann man durch das Anpassen von so genanntem Shape Tape entgegenwirken. Shape Tapes sind Schaumstoffstreifen, die hinter dem Vorliek in das Segel genäht werden und dafür sorgen, dass es beim Aufdrehen seine Form behält (siehe Abbildung 62).

Ein Pflegetipp: Nutzen Sie bei einem Segel, das auf dem Boot angeschlagen bleibt, am besten eine Schutzpersenning. Nur so verhindert man den zerstörenden Einfluss von UV-Strahlung. Schutzstreifen am Achterliek, wie man sie bei Rollsegeln oft sieht, sind weniger empfehlenswert. Sie bestehen aus anderem Material als der Rest des Segels und haben ein völlig anderes Reckverhalten – das Segel steht deshalb nicht gut.

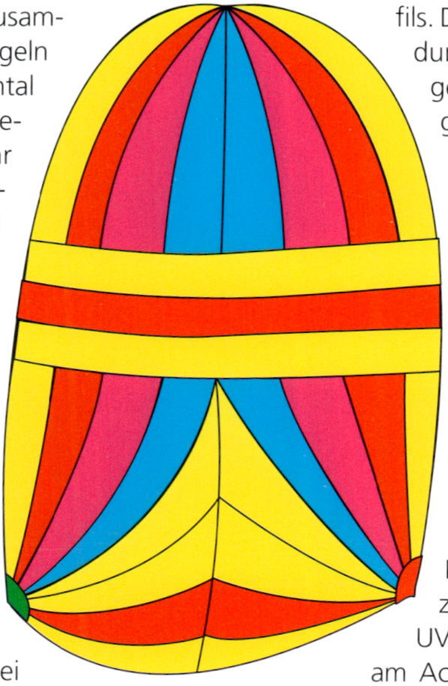

Abbildung 63
Ein triradial geschnittener Spinnaker.

6 Trimm bei schwachem Wind

Inzwischen kennen Sie die gängigen Arten der Takelung und wissen, wie verschiedene Typen des Mastes zu trimmen sind. Nun ist es Zeit, sich um die Form von Segeln zu kümmern. Beim Trimmen gilt, das richtige Profil bei jeweils unterschiedlichen Windstärken, Windrichtungen und unterschiedlich starkem Seegang zu finden.

6.1 Profiltiefe

Halten wir beim korrekten Segelprofil noch einmal inne. Im Allgemeinen gilt, dass ein Segel mit mehr Profil mehr Energie (Vorauskraft) liefert als ein flach getrimmtes Tuch. Jedoch ist eine große Profiltiefe nicht für Kurse hoch am Wind geeignet. Bei starkem Wind zieht ein flaches Segel besser. Neben der Profiltiefe eines Segels ist zudem die Position der maximalen Wölbung wichtig.
Je mehr die Geschwindigkeit der Luftmoleküle am Segel zunimmt, desto schwieriger wird es für sie, einer ausgeprägten Wölbung zu folgen. Deshalb muss die Kurve bei zunehmendem Wind sanfter verlaufen. Daher sollte bei auffrischendem Wind die Stelle des tiefsten Segelprofils nach vorne wandern und flacher werden – beim Großsegel wie bei der Fock.
Bei einem tiefen Segelprofil liegt die größte Wölbung bei ungefähr fünfzig Prozent der Sehne, also in der Mitte zwischen Vor- und Achterliek, nicht weiter achtern. Trimmen Sie ein Segel flach, verschiebt sich sein Bauch nach vorn, bis dessen Maximum auf circa dreißig Prozent der Sehne vom Vorliek entfernt ist (Abbildung 64).
Nicht nur die Windstärke reguliert die Profiltiefe. Auch Rumpfform und Seegang üben ihren Einfluss aus. Denken Sie an ein Boot hoch am Wind mit flach getrimmten Segeln auf glattem Wasser. Sobald sich hier unangenehme Wellen aufbauen, wird die See das Schiff rasch ausbremsen. Die flachen Segel liefern nicht genug Energie, um dagegen anzugehen. Da hilft es, den Segeln ein tieferes Profil und damit mehr Vorauskraft zu geben. Leider können Sie dann weniger hoch am Wind segeln.
Bezüglich der Rumpfform kann ein leichtes, schlankes Schiff schneller seine optimale Geschwindigkeit erreichen als ein schweres Boot mit ausgeprägtem Spant. Überschüssige Energie führt im ersten Fall zunächst nur zu übermäßiger Krängung, weshalb man das Segel deshalb flach trimmen sollte. Das zweite Boot hat dagegen zusätzliche Vorauskraft nötig, um mit seinem breiten Rumpf genügend Fahrt durch das Wasser machen zu können.

Abbildung 64

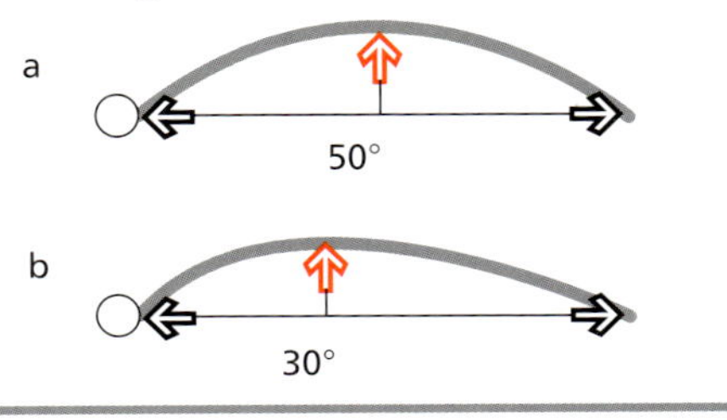

Der Bauch des Segels (a) wandert nach vorn, wenn es flach getrimmt (b) wird.

6.2 Luvgierigkeit

Im ersten Kapitel wurde kurz angedeutet, dass sich eine leichte Luvgierigkeit positiv auswirkt, um ein Gefühl für das Steuern des Schiffes zu behalten. Luvgierigkeit entsteht, sobald sich der Segeldruckpunkt hinter den Lateraldruckpunkt verschiebt. Meistens liegt die Ursache für eine zu große Luvgierigkeit im falschen Trimm des Großsegels, das mit zu viel Profil für die herrschende Windstärke oder einem zu dichten Achterliek gefahren wird. Der Segeldruckpunkt befindet sich also hinter dem Lateraldruckpunkt des Schiffes, weshalb das Heck nach Lee und der Bug nach Luv gedrückt wird. Ergebnis: eine in den Wind drehende Yacht (Abbildung 65).
Zum Öffnen des Achterlieks beim Großsegel können Sie verschiedene Dinge tun:
- Vorliekstrecker (Cunningham) durchsetzen;
- Unterliekstrecker durchsetzen;
- Großschot leicht fieren;

Abbildung 65

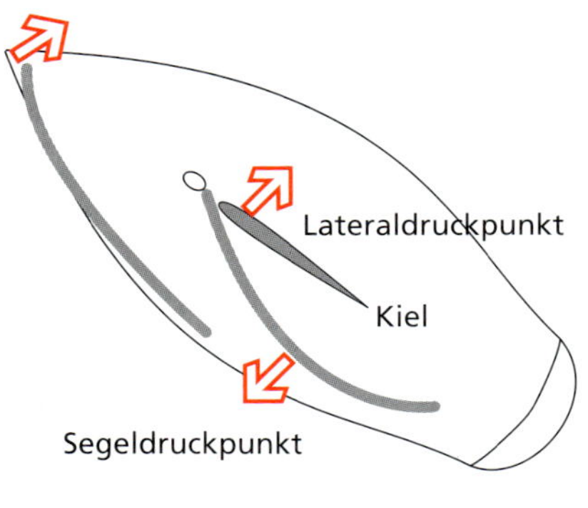

Ein luvgieriges Segelboot: Der Segeldruckpunkt befindet sich hinter dem Lateraldruckpunkt, sodass der Bug nach Luv tendiert.

Abbildung 66

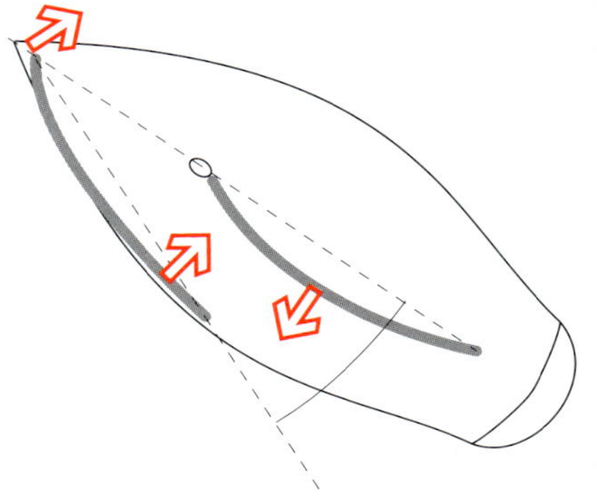

Das Großsegel muss gefiert oder die Fock dicht geholt werden, damit das Boot weniger luvgierig ist.

- Mastbiegung vergrößern;
- Traveller nach Lee verstellen.

Falls all diese Maßnahmen nicht mehr greifen, bleibt nur das Reffen.
Luvgierigkeit kann auch entstehen, wenn das Schothorn der Fock zu weit außen liegt und gleichzeitig das Großsegel zu weit mittschiffs geschotet ist. Dann liefert die Fock zu wenig und das Großsegel zu viel Querkraft. Um die Luvgierigkeit zu verringern, holen Sie am besten den Traveller weiter nach Lee und/oder nehmen Sie die Fockschot ein wenig dichter (Abbildung 66).
Schließlich könnte Luvgierigkeit ihre Ursache in einer zu bauchigen Genua haben, wodurch der Segeldruckpunkt hinter den Lateraldruckpunkt des Bootes verschoben wird. Also muss die Genua flacher getrimmt werden und sich ihr Achterliek öffnen. Dies erreichen Sie, indem Sie Vorstag und Genuafall stramm durchsetzen und den Schotholepunkt des Segels nach achtern verschieben (Abbildung 67).

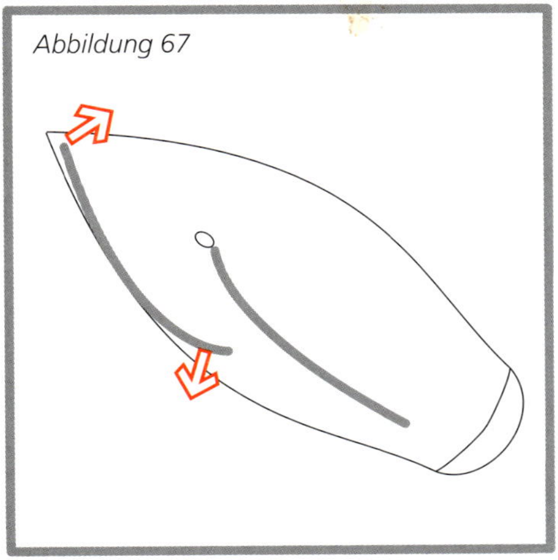

Die Genua muss flacher getrimmt und ihr Achterliek geöffnet werden, damit das Boot weniger luvgierig ist.

6.3 Trimm am Wind

Bei ganz leichtem Wind kann es passieren, dass die Segel ihr Profil nicht formen können und schlaff herunterhängen. Dem kann durch Gewichtstrimm abgeholfen werden. Das Crewgewicht sollte nach Lee und nach vorn verlagert werden. Gewicht nach Lee bringt ein wenig Krängung, und die Segel können dann in ihr Profil fallen. Gewicht nach vorn zu verlagern ist wichtig, um das Heck so weit wie möglich aus dem Wasser zu bekommen, damit sich der Widerstand am Unterwasserschiff verringert.

Bei Leichtwind ist zweitrangig, ob Sie am Wind Höhe machen; wichtig ist die Geschwindigkeit. Deshalb geben Sie Ihren Segeln die maximale Wölbung und vermeiden Sie unbedingt den Abriss der Strömung. Im dritten Kapitel wurde skizziert, dass dabei vor allem ein offenes Achterliek wichtig ist. Also holen Sie beim Großsegel den Travellerschlitten nach Luv und geben der Schot einige Lose, bis der Baum wieder mittschiffs steht. Wird der Wind stärker und konstanter, muss der Traveller wieder mittschiffs gefahren werden. Zudem wird die Schot dichtgeholt, um das Achterliek jetzt

Perfekter Trimm für einen Kurs am Wind bei schwachem Wind. Auffällig das durchhängende Vorstag.

Abbildung 68

Das Vorstag ist durchgesetzt, die maximale Wölbungstiefe steht im ersten Drittel vorn.

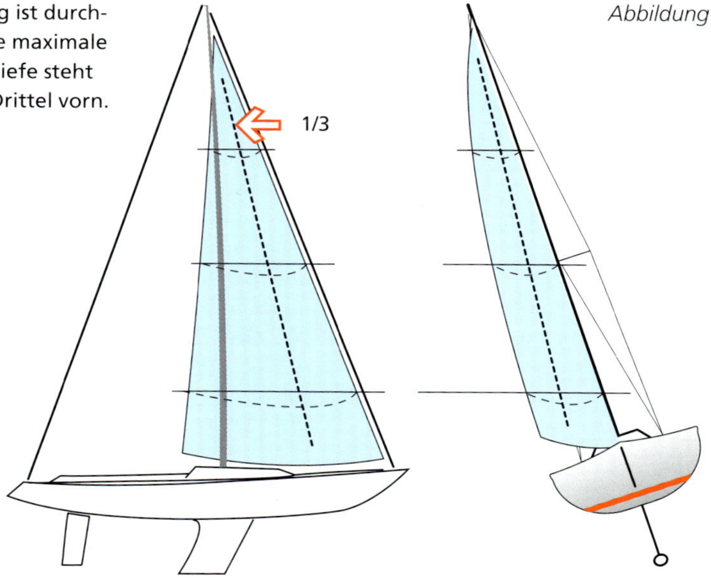

Hängt das Vorstag durch, verschiebt sich der Bauch nach achtern und erzeugt mehr Profil.

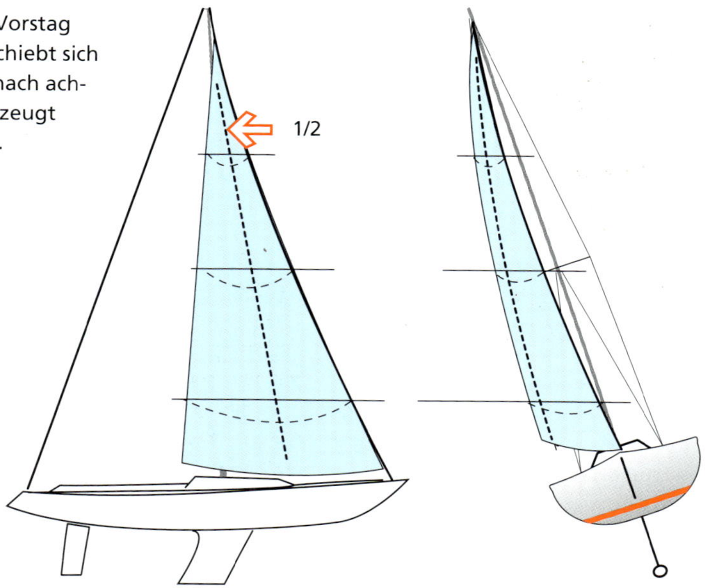

zu schließen. Man kann überdies noch den Baumniederholer zur Unterstützung durchsetzen. In jedem Fall muss der Mast ohne Biegung gefahren werden.
Maximale Wölbung im Segel erreichen Sie, indem das Vorliek gerade so viel Spannung bekommt, dass die Falten zwischen Vorliek und Schothorn nicht mehr sichtbar sind. Der Vorliekstrecker wird nicht bedient, das Unterliek bekommt nur minimalen Zug.
Der Schotholepunkt der Genua geht ein wenig nach vorn, wodurch das Segel mehr Bauch erhält. Nun allerdings schließt sich das Achterliek etwas. Falls Sie das bei schwachem Wind nicht wünschen, muss ein Schrick in die Schot. Es kann bei solchen Bedingungen sinnvoll sein, schwere Schoten durch Leichtwetterschoten zu ersetzen, damit das Achterliek »atmen« kann. Wer das Vorstag nun ein wenig nach Lee sacken lässt, erhält noch mehr Tiefe in der Fock. Das geht natürlich auf Kosten der Höhe (Abbildung 68).

Toppgetakelte Riggs
Um für das Großsegel genug Wölbung zu bekommen, sollte der Mast mit lockeren Unterwanten achtern und ohne große Achterstagspannung senkrecht getrimmt sein. Ein geringer Zug im Achterstag mindert die Spannung im Vorstag und lässt es leicht durchhängen.

Fraktionelle Takelung
Bei einem Rigg mit Drucksalingen und ohne Backstagen wird der Mast durch Spannung auf die Unterwanten und Lockern des Achterstags ins Lot gebracht. Im Fall von Seegang kann das Achterliek ein wenig geöffnet werden, wobei man das Achterstag ein bisschen härter fährt. Zusätzliche Profiltiefe lässt sich eventuell noch durch mehr Spannung der Unterwanten erzeugen.
Bei einem Mast mit Backstagen wird die Mastbiegung durch das Fieren des Achterstags verringert. Die Spannung im Vorstag und im Vorliek des Großsegels regelt sich über das Backstag in Luv.

Das offene Boot
Bei schwachem Wind muss auch hier der Mast bei einem Amwindkurs unbedingt senkrecht und ohne Biegung auf dem Schiff stehen. Das bedeutet verständlicherweise wenig Spannung auf den Wanten und den Drucksalingen. Mit dem Mastkontroller muss man jeden Ansatz von Beugung im unteren Teil des Mastes verhindern. Der Baumniederholer darf nicht ziehen, und die Großschot soll möglichst senkrecht nach unten wirken.
Da wenig Spannung auf den Wanten steht, darf auch das Vorstag etwas durchhängen. Das kommt bekanntlich der Wölbung des Vorsegels zu Gute. Falls möglich, setzen Sie den Schotholepunkt ein Stückchen nach vorn.

6.4 Trimm bei raumem Wind

Bei raumem Wind können Sie dem Tuch mehr Profil geben als auf einer Strecke am Wind. Das Achterschiff sollte so weit wie möglich aus dem Wasser kommen, also verlagern Sie das Gewicht nach vorn. Der Mast wird senkrecht getrimmt. Die Fallen sind relativ lose durchgesetzt, sodass die ersten Falten vom Vorliek in Richtung Schothorn sichtbar werden. Sie sollten nur schwach angedeutet sein, um eine ungestörte Luftströmung zu erhalten.
Die Achterlieken von Fock und Großsegel bleiben nahezu geschlossen. Das gelingt beim Groß nicht mehr durch das Anholen der Schot, folglich muss der Niederholer dichter gefahren werden, der Traveller kann in Lee bleiben. Der Schotholepunkt des Vorsegels

Für eine maximale Segelfläche vor dem Wind wird die Fock nach Luv geholt.

rutscht weiter nach vorn, möglichst auch nach außen. Dazu brauchen Sie eventuell einen Barberholer. Für eine optimale Wölbung der Fock darf das Vorstag ordentlich durchhängen.

Topptakelung

Der Trimm unterscheidet sich nicht wesentlich von dem auf einem Amwindkurs. Sie könnten dem Achterstag eventuell noch mehr Lose geben, um das Vorstag lockerer zu fahren.

Fraktionelle Takelung

Auch hier ist beim Trimm wenig Unterschied zum Amwindkurs. Falls möglich, kann der Mast noch steifer senkrecht gestellt werden, indem die Unterwanten mehr Spannung und zugleich das Achterstag mehr Spiel bekommen. Bei einem Mast mit Drucksalingen können Sie mit den Backstagen experimentieren, um die Spannung im Vorstag zu mindern. Bei vielen hat dies jedoch keinen Erfolg. Ein fraktionelles Rigg mit senkrechten Salingen und Backstagen erlaubt es dagegen, das Vorstag optimal durchhängen zu lassen. Fieren Sie das Luvbackstag und holen Sie, soweit vorhanden, das Checkstay dicht.

Das offene Boot

Schieben Sie den Mast mithilfe des Mastkontrollers kräftig nach achtern und vermindern Sie die Wantenspannung, dann können Sie Profil im Segel gewinnen. Das Achterliek des Großsegels schließen Sie mit dem Niederholer. Dadurch bekommt das Vorstag zwar eine unerwünschte Spannung, doch lohnt dieser Kompromiss in neun von zehn Fällen.

6.5 Trimm vor dem Wind

Auf diesem Kurs funktionieren die Segel nicht mehr als aerodynamische Profile, sondern als Widerstandsflächen. Je mehr Wölbung die Segel aufweisen, desto besser. Den Mast stellen Sie lotrecht, sämtliche Fallen und Strecker sind nur lose durchgesetzt. Vielleicht kann man die Liekleine im Achterliek des Großsegels etwas stramm setzen, wenn der Baumniederholer schon gefiert ist.
Das Vorsegel fahren Sie nach Möglichkeit ausgebaumt in Luv, wobei der dafür verwendete Spinnakerbaum möglichst horizontal in Luv stehen sollte, um dem Wind die beste Projektionsfläche der Segel zu bieten. Achter- und Unterliek sind geschlossen.
Beim Segeltrimm platt vor dem Wind gibt es keine Unterschiede zwischen den verschiedenen Takelungsarten.

7 Trimm bei mittlerem Wind

Eine Yawl unter Vollzeug bei schwachem Wind.

Unter mäßigem Wind versteht man eine Stärke von drei bis vier Beaufort. Einige Schiffe erreichen bei diesem Wind schon ihre Rumpfgeschwindigkeit, ohne reffen zu müssen. Das bedeutet, dass die Crews solcher Boote die optimale Leistung ihrer Segel erwarten können. Legt der Wind allerdings zu, müssen sie eine eventuelle Luvgierigkeit ihres Bootes beachten.

7.1 Trimm am Wind

Wie schon erwähnt, besteht zwischen der Windstärke einerseits sowie der Tiefe und Position der maximalen Wölbung andererseits eine enge Beziehung. Bei zunehmendem Wind müssen die Segel flacher getrimmt und ihre Wölbung nach vorn verschoben werden. Ob Sie dabei mehr Höhe oder mehr Geschwindigkeit wählen, hängt vom Seegang ab: Ist das Wasser ruhig, sind flache Segel günstig, Sie können Höhe laufen. Steht eine Welle, benötigen Sie mehr Vorauskraft, um durch den Seegang zu kommen. Die Segel müssen deshalb mehr Profil aufweisen als bei glatter See. Das allerdings kostet Höhe.

Die Segel werden durch höhere Liekspannung abgeflacht. Beim Durchsetzen der Fallen müssen Sie bei mäßigem Wind darauf achten, dass keine Falten am Vorliek sichtbar werden. Nach Möglichkeit benutzen Sie beim Großsegel den Cunningham und das kurze Reff an der Baumnock zur Regulierung der Spannung von Vor- und Unterliek.

Da Sie bei mittleren Windstärken im optimalen Wirkungsbereich der Segel sind, können die Achterlieken geschlossen bleiben. Beim Großsegel steht der Traveller mittschiffs, die Großschot holen Sie dicht. Beginnt es, härter zu wehen, können Sie das Achterliek vorsichtig öffnen, indem Sie die Spannung des Cunningham erhöhen. Bei Böen ist es ratsam, den Traveller zügig nach Lee zu verschieben, denn wegen des geschlossenen Achterlieks kann das luvende Moment plötzlich stark

Frischt der Wind weiter auf, müssen die Segel flacher und das Achterliek offener getrimmt werden.

zunehmen. Lässt der Winddruck nach, rückt der Travellerschlitten wieder auf die Mittschiffslinie. Ein guter Steuermann fährt bei böigem Wetter die Travellerleine aus der Hand.

Vom Wind hängt es ab, wie weit Sie den Schotholepunkt der Fock nach achtern holen können. Hier gilt es, einen Mittelweg zu finden zwischen geringerer Profiltiefe, indem der Holepunkt nach achtern gesetzt wird, und einem geschlossenen Achterliek durch Verschieben des Holepunktes nach vorn. Bei böigem Wind wählt man besser ein eher offenes Achterliek und damit eine achterliche Position des Schotholepunktes. Wichtig unter solchen Bedingungen ist die Spannung des Vorstags. Auf glattem Wasser kann man Höhe laufen – das Vorliek wird stramm durchgesetzt. Haben Sie es mit Wellen zu tun, ist Geschwindigkeit sinnvoller als Höhe, also kann das Liek leicht nach Lee durchsacken.

Topptakelung

Verfügt ein Boot über Unterwanten, die während des Segelns verstellbar sind, können Sie den Mast biegen. Die vorderen Unterwanten setzen Sie durch und den achteren geben Sie ordentlich Lose. Außerdem ist das Achterstag zu spannen. Jetzt wird sich der Mast krümmen. Das Segel ist flacher, seine Wölbung nach vorn gezogen. Mit der Achterstagspannung regeln Sie auch die Spannung des Vorstags: Bei glattem Wasser brauchen Sie eine starke Spannung, bei Seegang fährt man das Stag loser.

Fraktionelle Takelung

Bei einem Mast mit Drucksalingen erhält der Mast eine schwache Biegung durch die Unterwanten. Wird der Wind etwas stärker, öffnen Sie das Achterliek durch mehr Spannung auf dem Achterstag. So verhindert man bei zunehmender Krängung die Luvgierigkeit.

Ein Mast mit rechtwinkligen Salingen und Backstagen ermöglicht es, die gewünschte Profiltiefe des Segels und ihre Position stufenlos zu verstellen. Der Trimm erfolgt durch feinfühligen Umgang mit dem Achterstag.

Vor allem bei offenen Booten muss man die Leinen mit zunehmendem Wind aus der Hand fahren.

Eventuell können Sie den unteren Teil des Großsegels mit Unterstützung des Niederholers abflachen, indem sie ihn dichtholen. Die Spannung des Vorstags haben Sie mit dem Luvbackstag unter Kontrolle. Kann der Mast auf seinem Fuß gekippt werden, halten Sie bei Seegang das Vorstag unter Spannung und lassen den Mast etwas nach achtern fallen. Damit halten Sie Geschwindigkeit und Höhe.

Das offene Boot

Ab drei Beaufort wird es schon mühsamer, ein offenes Boot aufrecht zu segeln. Das Gewicht der Mannschaft muss nach Luv, eventuell steht schon ein Crewmitglied im Trapez. So lange die Krängung nicht überhand nimmt, kann das Achterliek geschlossen bleiben. Mit zunehmendem Wind muss das Segel jedoch flacher und das Achterliek offener werden. Also brauchen die Wanten mehr Spannung, wobei der Mast durch die Salinge nach vorn gedrückt wird. Der Mastkontroller darf nun nicht benutzt werden, wohl aber der Niederholer. Ungehindert vom Kontroller soll der Niederholer den unteren Teil des Mastes nach vorn drücken. Die Biegung des Mastes nach vorn kann noch durch eine weiter achterlich angreifende Großschot unterstützt werden, dadurch wird zusätzlich eine Kraft auf den Mast nach vorn entwickelt.

7.2 Trimm bei raumem Wind

Bei diesem Windwinkel wird die Funktion des Baumniederholers immer wichtiger. Sobald der Baum so weit nach außen steht, dass die Großschot keinen senkrechten Zug mehr ausüben kann, muss der Niederholer den Baum waagerecht halten. Mit dem Durchsetzen des Niederholers halten Sie nun das Achterliek geschlossen. Im Gegensatz zu einem Kurs am Wind muss der Mast raumschots ohne Biegung gefahren werden. Im Übrigen bleibt der Trimm so, wie er schon im Abschnitt über schwachen Wind besprochen wurde: Fallen und Strecker werden nur leicht durchgesetzt und der Holepunkt der Fockschot kommt nach vorn.

Topptakelung
Das Großsegel sollte seine maximale Wölbung haben, die durch Spannung der achteren Unterwanten und viel Lose bei den vorderen zustande kommt. Entlasten Sie das Achterstag so weit es geht. Dadurch bekommt das Vorstag mehr Lose und das Vorsegel seine maximale Wölbung.

Fraktionelle Takelung
Ein Mast mit Drucksalingen soll gerade stehen, ohne Biegung. Die Achterlieken der Segel sollten geschlossen sein. Nehmen Wind und Krängung zu und mit ihnen das luvende Moment, muss das Achterliek des Großsegels geöffnet werden, indem Sie das Achterstag hart durchsetzen. Eventuell können zusätzlich die Unterwanten etwas Lose bekommen, um den Mast zu biegen.
Fährt man Backstagen, sollte man einem Wippen des Mastes sofort entgegenwirken und das Luvbackstag dichter nehmen. Lässt sich ein Boot nicht mehr auf dem Ruder halten, hilft nur das Öffnen des Achterlieks mit entsprechend stärkerer Spannung im Achterstag.

Das offene Boot
Solange ein Boot halbwegs aufrecht segelt, streben wir raumschots die maximale Profiltiefe in den Segeln an; der Mast steht gerade. Eine gute Stütze bietet der hart durchgesetzte Mastkontroller, der den unteren Teil des Mastes kerzengerade fixiert. Das ist wichtig, da Sie gleichzeitig den Baumniederholer erheblich unter Spannung bringen, um das Achterliek des Großsegels geschlossen zu halten. Reduzieren Sie überdies die Spannung der Wanten, wird die Biegung im oberen Teil des Mastes verringert. Jetzt wird das Vorstag etwas Lose bekommen und die Fock mehr Profil erhalten.

7.3 Trimm vor dem Wind

Was das Einstellen des Segelprofils angeht, bestehen bei mäßigem Wind kaum Unterschiede zum Trimm bei schwacher Brise. Das gilt für alle Arten der Takelung. Auf jeden Fall ist es angeraten, den Baumniederholer maximal durchzusetzen, um einem Auswehen des Achterlieks entgegenzusteuern. Ist in einer Schwachwindphase die Trimmleine im Achterliek des Großsegels durchgesetzt, sollte man sie besser fieren, bevor man den Niederholer dichtholt. Der Trimm ist auf diesem Kurs für alle Takelungstypen derselbe wie bei schwachem Wind.

8 Trimm bei starkem Wind

Ab fünf Beaufort sprechen wir von starkem Wind. Dann entwickelt der Luftstrom am Segel mehr Energie als in Vorauskraft umgesetzt werden kann. Jetzt hat man vor allem dafür zu sorgen, dass sich die Krängung in Grenzen hält. Das Boot sollte also nicht immer wieder aus dem Ruder laufen und in den Wind schießen. Zuviel Krängung ist außerdem unbequem und kostet Geschwindigkeit. Gleichwohl muss man das Potenzial des Schiffes voll nutzen. Das bedeutet flache Segel und offene Achterlieken.

8.1 Trimm am Wind

Droht trotz aller Bemühung um flache und offene Segel zu viel Krängung oder bei offenen Booten gar das Kentern, heißt die Parole »Großschot los«. Ein gut konstruiertes Boot dürfte mit killendem Großsegel und stehendem Vorsegel bei viel Wind unter Kontrolle bleiben. Vorausschauend kann man das Großsegel so flach trimmen, dass es als Segel seine Wirkung verliert. Es steht dann wie ein Brett, bremst kaum und stört nicht durch Klappern. Das krängende Moment liegt jetzt praktisch bei Null. Nun muss das Vorsegel die Arbeit tun.

Um das Großsegel völlig flach zu trimmen, sollte der Mast seine größtmögliche Biegung haben. Ein Minimum an Wölbung erreichen Sie, wenn Sie alle Segellatten ungefähr in gleichem Winkel zur Mittschiffslinie stellen. Ein solcher Trimm empfiehlt sich, falls eine starke Bö durchzieht, aber absehbar ist, dass der Wind danach wieder schwächer wird. Bei konstant starkem Wind ist es meist sinnvoller, zu reffen.

Mit dem Cunningham setzen Sie das Vorliek des Großsegels unter Spannung. Damit öffnen Sie das Achterliek. Kommt nun der Traveller nach Lee, vermindert sich der Druck im Segel. Die Großschot bleibt dicht und holt damit den Baum nach unten. Um am Wind Höhe zu segeln, ist diese Stellung des Travellers allerdings nicht ideal. Jedoch kommt es bei viel Wind vor allem darauf an, das Schiff unter Kontrolle zu halten.

Bei unsteten Bedingungen sollte der Steuermann die Travellerleine nicht aus der Hand geben. Er kann in einer Bö den Schlitten sofort laufen lassen und ihn danach wieder dichter holen. Falls möglich, lässt er die Schot in Ruhe. Bei viel Wind geht es darum, die Segel mit möglichst konstantem Druck und das Boot mit gleich bleibender Krängung zu fahren.

Zweifellos werden Sie sich bei Seegang für eine größere Wölbung im Segel entscheiden, da Sie zusätzliche Vorauskraft benötigen, um Fahrt im Schiff zu behalten. Das bedeutet ein bisschen weniger Spannung in Vor- und Unterliek. Um bei starkem Wind Herr der Lage zu bleiben, kann es nötig werden, das Großsegel zu reffen.

Was für den Trimm des Großsegels gilt, gilt auch für den der Fock. Eine hohe Vorliekspannung kann meistens nur durch eine hohe Spannung im Fall und/oder das Durchsetzen des Achterstags erreicht werden. Jetzt dürfte sich jedoch das Achterliek schließen, und das soll gerade vermieden werden. Abhilfe verspricht das Verschieben des Schotholepunktes nach achtern und, falls machbar, um ein

Diese Yacht segelt bei steifem Wind mit einer kleinen Fock. Um Wölbung in das Segel zu bekommen, ist der Holepunkt weit nach vorn gesetzt.

Die Crew dieser Regenbogen 77 muss schwer arbeiten, um das Schiff unter Kontrolle zu halten.

Stückchen nach außen. Damit entlasten Sie den oberen Teil des Segels, Sie verlagern den Segeldruckpunkt nach unten und mindern somit das krängende Moment. Haben Vorsegel einen Vorliekstrecker, kann man die Fallspannung gut regulieren. Auch für das Vorsegel gilt, dass Sie bei Seegang mehr Bauch benötigen. Da kann es sinnvoll sein, das normale Arbeitssegel gegen ein kleineres Vorsegel zu tauschen.

Topptakelung

Dem Mast müssen Sie bei starkem Wind und einem Kurs am Wind so viel Biegung wie möglich geben. Für einstellbare Unterwanten gilt: achtern viel Lose und vorn maximale Spannung. Eine hohe Spannung bekommt auch das Achterstag. Dabei muss man im Auge behalten, dass die Unterwanten den Mast noch stützen – vor allem bei Seegang. Hier droht sonst Mastbruch auf Höhe der Salinge.

Fraktionelle Takelung

Ein Mast mit Drucksalingen erreicht seine optimale Biegung durch lockere Unterwanten und ein hart durchgesetztes Achterstag. Die hohe Spannung im Achterstag sorgt zugleich für ein strammes Vorstag und ergo ein flaches Vorsegel. Bei einer fraktionellen Takelung mit Backstagen hängt die Funktion des Riggs an Luvbackstag, Achterstag und Niederholer. Sie müssen ausnahmslos hart angeholt werden.

Das offene Boot

Zuerst bekommt der Mast so viel Mastfall wie möglich. Dann versucht man, aus der Mastbiegung das Optimum herauszuholen: Die Wanten brauchen maximale Spannung, der Mastkontroller wird völlig gefiert und der Baumniederholer stark dichtgesetzt. Die Großschot soll den Mast ebenfalls biegen, weshalb man die Schot so weit wie möglich achtern am Baum angreifen lässt. Um den Segeldruckpunkt nach unten zu bekommen, geht der Traveller ganz nach Lee und der Schotholepunkt der Fock auf der äußeren Schiene nach achtern. Ist das Boot trotzdem nicht mehr zu beherrschen, muss die Großschot gefiert werden.

Bei offenen Booten wird bei starkem Wind auf Geschwindigkeit und Stabilität geachtet, nicht auf Höhe. Wenn es gelingt, das Boot zum Gleiten zu bringen und in diesem Zustand zu halten, nimmt das Tempo nach Luv beachtlich zu. Sie können sogar versuchen, das Schwert ein Stückchen aufzuholen, um den Lateralwiderstand des Bootes zu verringern, jedoch wird dann auch die Abdrift größer. Man kann es nun leichter aufrecht segeln, was den Verlust an Höhe ausgleicht.

8.2 Trimm bei raumem Wind

Bei hartem Wetter wird man auch auf Raumschotskursen den Kompromiss zwischen optimalem Trimm und sicherem Segeln suchen. Mit flach getrimmten Segeln und offenen Achterlieken sollte man einen Kurs unter konstanter Krängung fahren. Das klappt bei böigem Wetter nur mit viel Arbeit an Großschot und Traveller. Der Baumniederholer spielt jetzt eine besondere Rolle, weil Sie mit ihm den Stand des Großsegels weitgehend kontrollieren: Grundsätzlich hält man den Niederholer so lange steif, bis das Boot an seine Grenzen gerät und aus dem Ruder zu laufen droht. Dann ist es höchste Zeit, den Niederholer loszuwerfen.

Topptakelung

Ausschlaggebend ist, dass Sie beim Segeln die Kontrolle über das Boot behalten. Solange die Umstände es zulassen, trimmen Sie es wie bei mittlerem Wind. Nimmt der Wind zu, trimmen Sie Ihre Segel durch mehr Spannung auf dem Achterstag flacher.

Fraktionelle Takelung

Um bei einem Mast mit Drucksalingen die Luvgierigkeit zu verringern, fieren Sie die Unterwanten und setzen das Achterstag noch weiter durch. Nach Möglichkeit stellen Sie die Spannung der Oberwanten noch vor dem Ablegen ein. Bei steifem Wind und Seegang hat der Mast nämlich stark zu leiden. Eine stabile Vorspannung muss ihm deshalb so viel Halt wie möglich geben. Zudem ist es zur Sicherung des Mastes nützlich, den Unterwanten zwar einige Lose zu geben, sie aber »handwarm« unter Spannung zu halten. Setzen Sie Achterstag und Niederholer sehr steif durch, damit der Baum auf Höhe des Lümmelbeschlages den Mast nach vorn drückt. Diese fixierte Krümmung wird sich bei einem Reff im Großsegel sofort positiv bemerkbar machen, weil der Mast dann in seinem oberen Teil infolge des gerefften Segels nicht mehr gestützt wird. Was für fraktionell geriggte Boote mit Drucksalingen gilt, trifft auch für eine Takelung mit Backstagen zu. Auch hier muss man den Mast, vor allem bei gerefftem Großsegel, auf jede denkbare Weise stabilisieren. Zwar fährt man generell einen Trimm wie bei mittlerem Wind, doch wird man härter mit dem Luvbackstag arbeiten müssen, um ein Wippen des Mastes in Grenzen zu halten.

Mit einem Reff im Groß und mittlerer Genua trägt dieses Boot fast schon zu viel Segel.

Das offene Boot

Offene Boote muss man bei schwerem Wetter vor allem vor dem Kentern bewahren, indem man sich insbesondere auf Groß- und eventuell Fockschot konzentriert, um sie (in einer Bö) schnell fieren zu können. Damit sich das Achterliek des Großsegels öffnet, fieren Sie den Baumniederholer, aber nur, solange Sie raumschots und nicht platt vor dem Wind segeln. Fällt der Wind achterlich ein, holen Sie den Niederholer annähernd steif, um das Schlingern des Bootes zu vermindern. Wer bei harten Wetterbedingungen von einem Amwindkurs schnell auf raumen Kurs abfällt, sollte den durchgesetzten Niederholer keinesfalls vergessen: Wird dieser nicht umsichtig mitgefiert, kann der Baum brechen.

8.3 Trimm vor dem Wind

Wenn es ordentlich weht und eine hohe Welle steht, ist das Segeln vor dem Wind kein Vergnügen. Das Boot wird von Luv nach Lee gieren und leicht aus dem Ruder laufen. Es gibt ein paar Maßnahmen, die Abhilfe versprechen:

– Bringen Sie möglichst viel Ballast nach achtern. Bei kleinen Booten ist dies vor allem die Crew. Das auf diese Weise verbreiterte Achterschiff wird für eine stabilere Lage des Bootes sorgen;

– Steuern Sie so viel wie möglich »hinter dem Boot her«: Geigt das Schiff nach Luv, dann luven Sie an; krängt es nach Lee, dann fallen Sie ab. Dies ist ein probates Mittel, um das Schlingern im Zaum zu halten.

Diese Vorkehrungen gelten auch für das Segeln unter Spinnaker (siehe Kapitel 9). Auf einem Kurs vor dem Wind muss der Niederholer immer so hart wie möglich durchgesetzt sein, damit das Achterliek geschlossen bleibt. Ist der Baumniederholer gefiert, wird der obere Teil des Segels auswehen und das Gieren verstärken. Bekommt der Baum nur ein wenig Spiel, öffnet sich sofort das Achterliek, das Segel bewegt sich im oberen Teil nach vorn – Luvgierigkeit entsteht.

Baumen Sie die Fock aus, müssen Sie Ihren Spinnakerbaum stark durchsetzen, um auch hier das Achterliek zu schließen. Das erreichen Sie, indem Sie den Holepunkt der Fock ganz nach vorn setzen, damit die Schot die Spiere senkrechter nach unten zieht. Im Übrigen bleibt der Trimm wie auf einem Raumschotskurs.

9 Spinnakertrimm

Viele Segler haben ein wenig Angst vor dem Spinnakersegeln. Das ist nicht nötig, aber auch nicht ganz unverständlich: Immerhin ist der Spinnaker ein sehr großes Segel, das enorme Kraft entwickeln kann. Macht man einen Fehler, können diese Kräfte mehr Schaden anrichten als ein kleines Segel, wie beispielsweise eine Fock.
Andererseits: Geht man mit dem Segel korrekt und vorsichtig um, fügt es der Segelei eine völlig neue und bereichernde Dimension hinzu. Es bringt viel Freude, einem voluminösen, bunten Tuch hinterherzusteuern und zu fühlen, wie es an dem Boot zieht. Im Folgenden daher ein paar Grundregeln, die den Umgang mit dem Spinnaker erleichtern und Ängste relativieren sollen.

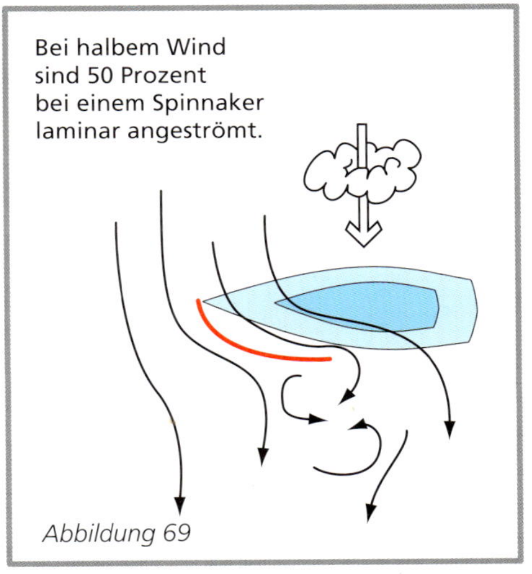

Abbildung 69

9.1 Der Spinnakerbaum

Großsegel und Fock weisen bei gutem Trimm über ihre gesamte Oberfläche eine anliegende Luftströmung auf. Bei einem Spinnaker dagegen liegt der laminar angeströmte Teil bei Halbwindkursen lediglich bei 50 Prozent (Abbildung 69). Je raumer Sie nun segeln, desto mehr verändert der Spi sein aerodynamisches Profil in eine reine Widerstandsfläche (Abbildung 70). Die Schot sollte stets so gefahren werden, dass die Luvseite des Spinnakers knapp vor dem Einfallen steht. Besser man lässt dem Segel locker seinen Zug, als es übermäßig dichtzunehmen. Gleichwohl muss immer jemand zum Trimm an der Schot stehen, falls das Luvliek zu stark einfällt.
Das Grundprinzip des Spinnakertrimms ist ein-

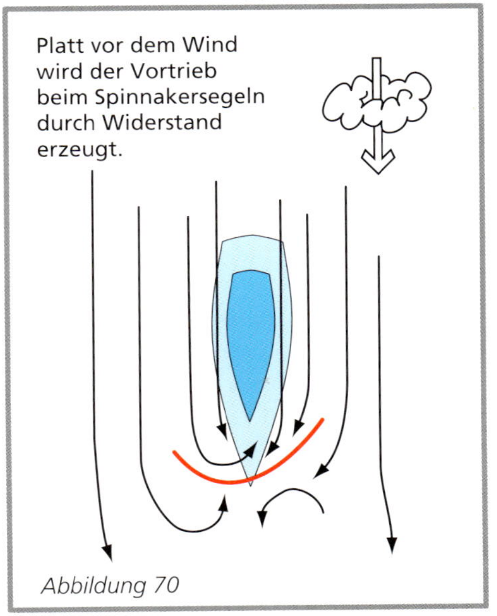

Abbildung 70

Abbildung 71

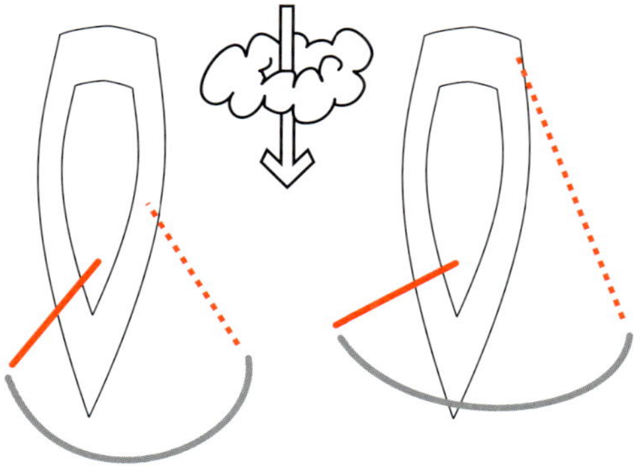

Ein volles Segel entsteht durch zusammenliegende Lieken.

Die Lieken stehen weiter auseinander, das Segel ist flach.

Wölbung des Spinnakers.

fach: Kommen die Lieken näher zusammen, wird das Segel bauchiger. Dies wird beim Spi mithilfe des Spinnakerbaumes geregelt. Sackt die Baumnock, gehen Hals und Schothorn des Segels nach unten (in Lee weniger als in Luv), die Lieken werden gestrafft, sie kommen enger aneinander, und es wird mehr Wölbung im Segel erzeugt. Umgekehrt wird ein steigender Baum losere Lieken bewirken und das Segel flacher machen (Abbildung 71).
Bei einem scheinbaren Wind, der in einem Winkel von 120 Grad oder mehr einfällt, sollte der Baum rechtwinklig zum Wind stehen (Abbildung 72). Bei Kursen höher als 120 Grad muss der Baum härter auf einen spitzeren Winkel getrimmt werden, um den Spinnaker abzuflachen. Ein Winkel von 90 Grad zwischen Baum und scheinbarem Wind würde ein zu volles Profil ergeben. Die Luftströmung liegt dann nicht mehr optimal an

Abbildung 72

Der Spinnakerbaum steht rechtwinklig zum Wind, ...

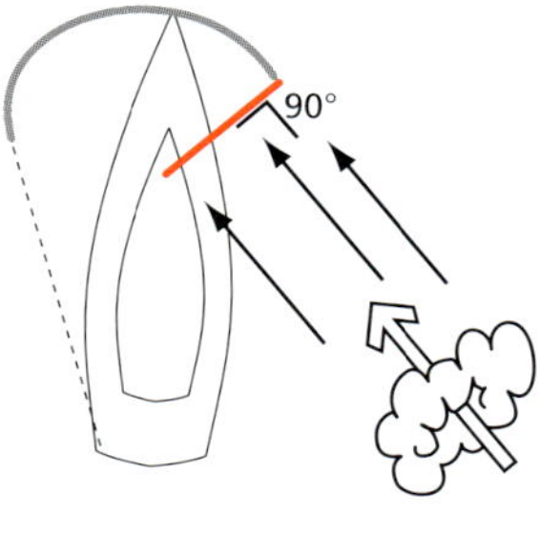

... wenn der scheinbare Wind mit einem Winkel von 120° oder mehr einfällt.

Abbildung 73

Der Spinnakerbaum steht mit weniger als 90 Grad zum Wind, ...

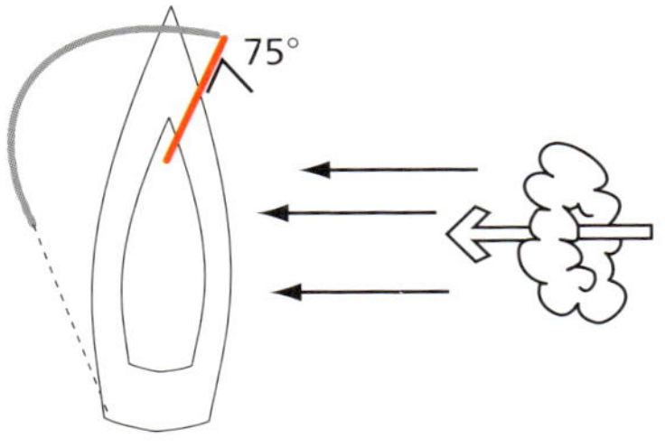

... wenn der scheinbare Wind mit einem Winkel von 120° oder weniger einfällt.

Die Schot wird über dem Baum gefahren, der Spinnaker hat ein offenes Leeliek.

Abbildung 74

und mindert die Effizienz des Segels (Abbildung 73).

Das Variieren der Höhe des Spinnakerbaums ähnelt ein wenig dem Einstellen des Schotholepunktes bei einer Genua. Der Baum sollte immer so stehen, dass das Luvliek über seine volle Länge im gleichen Winkel zum scheinbaren Wind bleibt. Dies kontrollieren Sie (wie bei der Genua) durch Anluven und den genauen Blick auf das Einfallen des Spinnakers an der Windseite. Steht der Baum zu hoch, fällt das Segel unten früher ein als oben. Steht er zu niedrig, fällt das Segel zunächst oben ein.

Die Spinnakerschot wird unter dem Großbaum gefahren.

Wird die Schot unter den Baum gefahren, ist der Spinnaker flacher getrimmt.

Abbildung 75

Bei halbem Wind hängt die Höhe des Spinnakerbaums von der Schotführung ab. Läuft die Schot über den Großbaum, hat der Spinnaker ein hohes Schothorn, ein flaches Unterliek sowie ein offenes Topp. Wenn bei viel Wind ein hohes Schothorn das Leeliek öffnet und die Luft wegströmen kann, ist das positiv für den Trimm (Abbildung 74). Trotzdem sollte man diese Schotführung bei einem fraktionellen Rigg vermeiden, weil die Spinnakerschot das Großsegel behindert.

Falls die Spinnakerschot (in Lee) unter dem Großbaum hindurchläuft, bekommt das Tuch eine zugkräftige und einfach zu bedienende Form, die sich in erster Linie anbietet, wenn Sie bei schwachem Wind einen flachen Spinnaker benötigen. Der Spinnakerbaum wird dann tiefer gefahren (Abbildung 75 und Foto S. 89 u.). Segeln Sie höher als mit halben Wind (50 bis 90 Grad scheinbarer Wind), holen Sie die Schot dichter, das Schothorn kommt dadurch nach unten. Bringen Sie den Spinnakerbaum in eine niedrigere Position.

Bei halbem Wind läuft die Schot über den achteren Holepunkt. So bleibt das Leeliek offen, und das Segel wird nicht zu stark beansprucht. Fällt der Wind raumer ein, wandert der Schotholepunkt nach vorn, etwa zu einem Block auf der Fußreling. Das Segel wird bauchiger, und Sie bekommen eine bessere Kontrolle über den Spinnaker, dessen Liek nun nicht mehr ausschwingen kann. Überdies macht es den Spi in der Welle formstabiler.

Der Spinnakerbaum wird horizontal gefahren, sein Beschlag am Mast und die Nock am Segel stehen also immer in gleicher Höhe (und halten den Spinnaker dadurch so weit wie möglich vom Mast entfernt). Die Position des Spinnakerbaums am Mast muss nachgeregelt werden, wenn man seinen Angriffspunkt am Segel verstellt.

9.2 Die Form des Spinnakers

Da der Spinnaker fliegend gefahren wird, also nirgendwo richtungsstabil befestigt ist, kann seine Form weniger genau getrimmt werden als die von Großsegel und Genua. Dennoch können Sie sein Profil in einem bestimmten Rahmen beeinflussen.

Wie schon erläutert, ist die Profiltiefe im oberen Teil des Segels vom Stand des Schothorns und des Halses abhängig. Liegen die unteren Ecken des Segels höher, öffnen sich die Lieken und der Spi bekommt oben breite »Schultern«. Die Folge ist ein flacheres Tuch (Abbildung 76). Werden die Schothörner weiter unten gefahren, ziehen sie die Lieken dichter zusammen und das Segel erhält oben ein tieferes Profil.

Wird der Spinnakerbaum etwas höher gesetzt, wird das Segel flacher (blaue Pfeile).

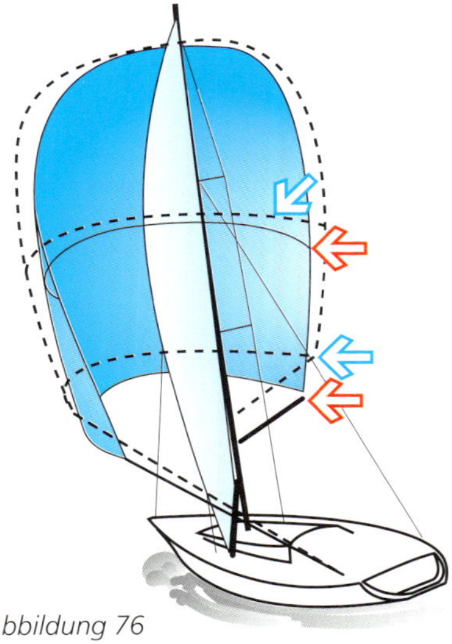

Abbildung 76

Profiltiefe des Spinnakers.

Das Profil in der unteren Hälfte des Spinnakers hängt von der Schotführung ab: Führt sie vorn über einen Holepunkt, wird das Unterliek runder. Brauchen Sie ein flacheres Segel, muss die Schot achtern über einen Block laufen (Abbildung 77).

Bei raumen oder Vorwindkursen wirkt sich der Winkel des Spinnakerbaums zum Wind auf die Profiltiefe des Segels aus. Will man ein flacheres Tuch, muss der Achterholer durchge-

Faustregel: Ein hoher Spi-Baum macht das Segel flacher (rechts oben),...

...ein tiefer Spi-Baum bringt mehr Wölbung ins Segel (rechts unten).

Abbildung 77

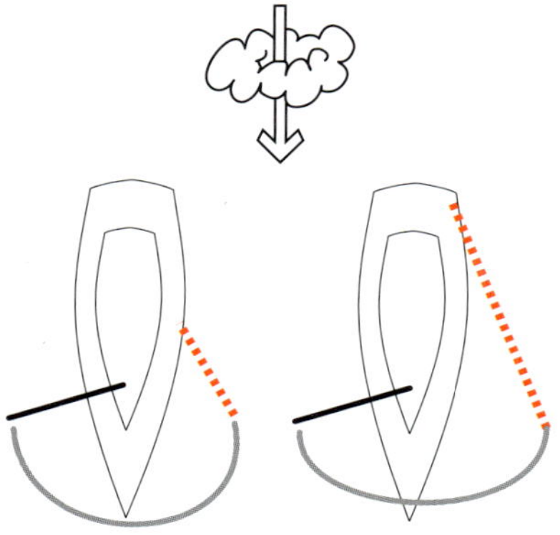

Die Veränderung der unteren Profiltiefe des Spinnakers vor dem Wind.

Abbildung 78

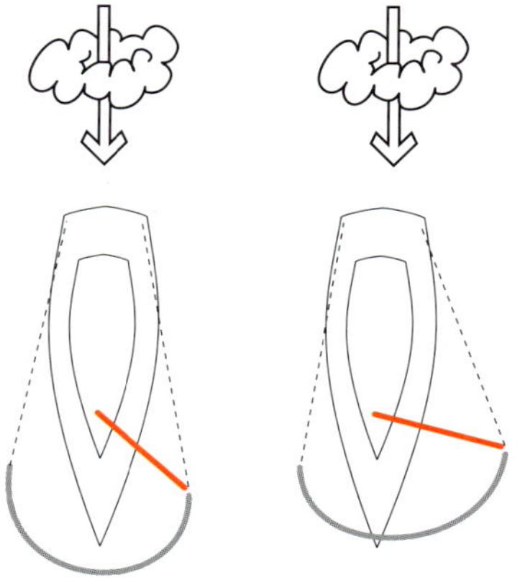

Die Veränderung der unteren Profiltiefe des Spinnakers auf raumen Kursen.

Abbildung 79

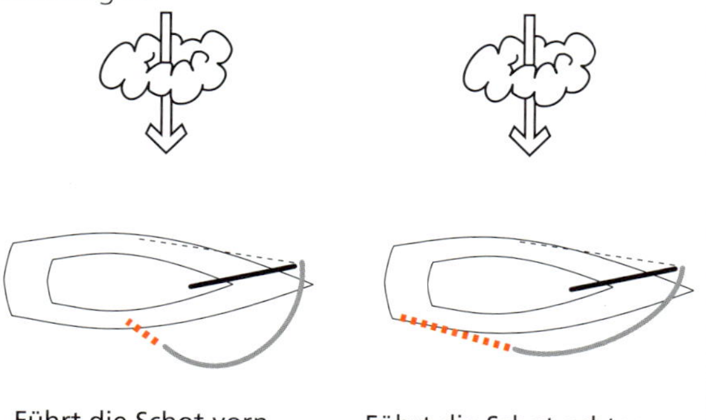

Das Unterliek und die Profiltiefe der unteren Hälfte des Spinnakers bei Halbwindkursen.

Flach gefahrener Spinnaker.

holt und die Schot dichtgeholt werden. Bei viel Wind und Seegang wird dadurch verhindert, dass ein voll stehender Spinnaker von einem Bug auf den anderen pendelt.

Bei leichtem Wetter und kurzen Wellen kann man sich die umgekehrte Wirkung zunutze machen. Sie fieren Schot und Achterholer, wodurch das Unterliek tiefer getrimmt wird. Jetzt können Sie das Segel stabil vor dem Bug fahren (Abbildung 78).

Für Kurse höher am Wind reguliert man die Position der maximalen Segelwölbung mithilfe der Schot (Abbildung 79) und der Stellung der Schothörner zueinander. Kommt der Spinnakerbaum nach unten, verschiebt sich die Wölbung nach vorn und vergrößert den Twist (Abbildung 80). Geht der Spi-Baum nach oben, verschiebt sich der Bauch des Segels nach achtern (Abbildung 81).

Abbildung 80

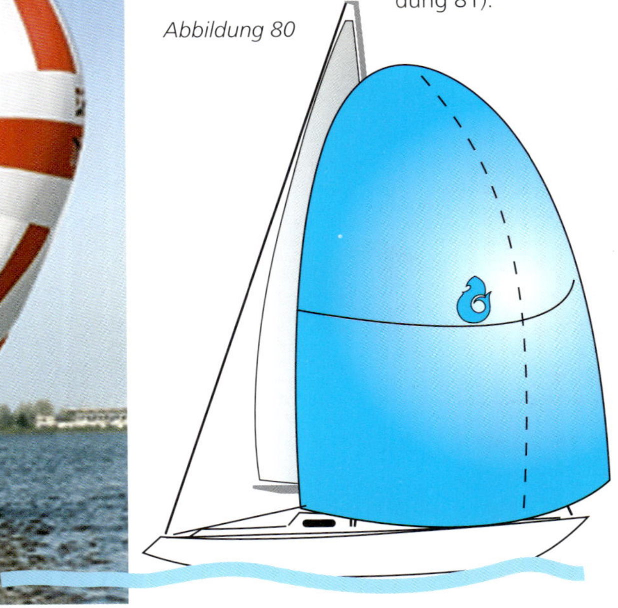

Ein niedrig gefahrener Spinnakerbaum bei Halbwindkursen verschiebt die Wölbung nach vorn.

Einen Allround-Spinnaker wird man halbwinds immer mit gleich hohen Schothörnern fahren; allenfalls kommt der Hals etwas tiefer als das Schothorn, dann liegt die Wölbung bei 40 bis 50 Prozent an der Luvseite. Der Achterholer, der den Spinnakerbaum kontrolliert,

Bauchig gefahrener Spinnaker.

hat entscheidenden Einfluss auf das Profil, den oberen Teil des Luvlieks und den Einfallswinkel des Windes. Ein höherer Spinnakerbaum bringt die Wölbung nach achtern und dreht das Luvliek oben ein wenig nach Lee. Das Wegdrehen vergrößert den Einfallswinkel des Windes und zieht das Leeliek dichter, sodass das Segel mehr Energie liefert. Dagegen wird ein tief gefahrener Hals oder Spinnakerbaum den oberen Teil des Leelieks öffnen und dadurch weniger Vortriebskraft liefern.

Ein Spinnaker »biegt« die Luftströmung in viel stärkerem Maß als eine Genua. Beim Einstellen des Großsegels muss man dies berücksichtigen. Auf höheren Kursen trimmt man das Großsegel daher so, als ob Sie am Wind segeln würden. Der Niederholer sollte nicht zu stark durchgesetzt sein.

Abbildung 81

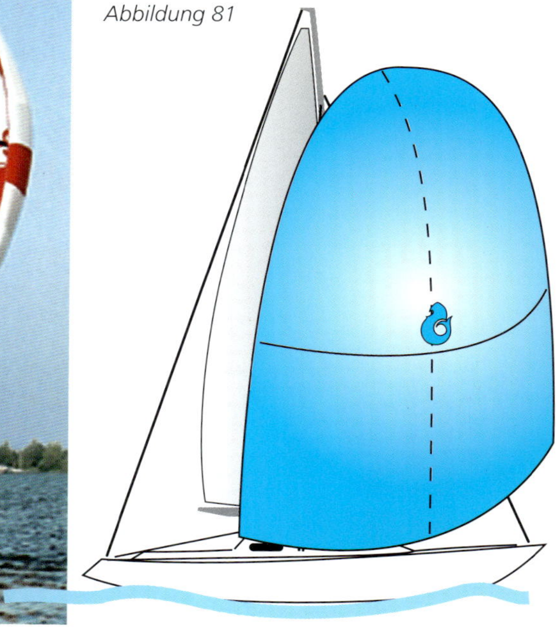

Ein hoch gefahrener Spinnakerbaum bei Halbwindkursen verschiebt die Wölbung nach achtern.

9.3 Aus dem Ruder laufen

Segler, die das erste Mal einen Spinnaker setzen, haben Bedenken, ihnen könnte das Boot aus dem Ruder laufen. Dagegen gibt es geeignete Mittel, aber man benötigt schon einige

Der Spinnaker ist außer Kontrolle geraten. Er hängt am Fall und am Achterholer, die Schot ist ausgerauscht.

Erfahrung. Ein paar Handgriffe sollte die Crew blindlings beherrschen:

– Fieren Sie die Großschot, um das luvende Moment des Großsegels aufzuheben.

– Fieren Sie den Niederholer, um einen Bruch des Großbaums zu vermeiden.

– Fieren Sie die Spinnakerschot ruckweise, um durch kurzzeitige Strömungsabrisse den Druck aus dem Segel zu nehmen und dem Ruder wieder Wirkung zu verleihen.

Wenn dies alles nicht hilft, muss der Steuermann anluven und die »Blase« zusammenfallen lassen.

Steuern Sie beim Geigen des Bootes immer hinter dem Spinnaker her: Rollt das Boot nach Luv, luven Sie an; rollt das Boot nach Lee, fallen Sie ab.

Das Gewicht der Crew gehört so weit wie möglich nach achtern und nach Luv; eine Person kann sich noch hinter dem Steuermann platzieren. Legen Sie die »Sitzordnung« aber so fest, dass bei schnellen Manövern nur ein Mitglied der Besatzung seinen Platz verlassen muss.

10 Überprüfen von Segelleistungen

Wie können Sie nun überprüfen, inwieweit Sie Ihr Boot optimal zum Laufen bringen? Eine Möglichkeit bietet der Doppeltest mit zwei identischen Booten. Eine andere wäre der Vergleich der wirklich gesegelten Geschwindigkeit unter bestimmten Bedingungen mit einer theoretisch festgestellten optimalen Geschwindigkeit, die genau für diese Bedingungen vorher ermittelt wurde. Dafür können Sie beispielsweise ein Polardiagramm benutzen – eine grafische Darstellung des Segelverhaltens Ihres Bootes bei unterschiedlichem Wetter.

Abbildung 82

Bei einem Amwindkurs starten Sie den Doppeltest mit einer Bug-an-Bug-Stellung mit zwei Bootslängen Abstand zwischen den Schiffen.

10.1 Der Doppeltest

Die beste Art, eine Bootsgeschwindigkeit zu optimieren, ist der Vergleich zweier gleichartiger Schiffe, beispielsweise während einer Regatta oder während eines Trainings. Ziel eines Doppeltests ist, jene Ursachen zu suchen, die das Boot schneller oder langsamer machen. Am Ende sollte eine Liste mit künftigen Verbesserungen stehen. Benutzt man zwei Boote identischer Bauart, können alle Variablen wie Segelform, Mast- oder Segeltrimm verglichen werden. Um ein vernünftiges Resultat zu erzielen, legen Sie vorher am besten ein exaktes Testprogramm fest. Gehen Sie dabei akribisch vor:

Legen Sie fest, was getestet werden soll. Trimmen Sie die Boote vor dem Probelauf so weit es geht auf identische Weise. Handelt es sich um Schiffe gleichen Typs, ist das für die Auswertung des Tests von Vorteil.

Wählen Sie eine vernünftige Ausgangsposition für den Test. Bei einem Amwindkurs starten Sie mit einer Bug-an-Bug-Stellung mit zwei Bootslängen Abstand zwischen den Schiffen (Abbildung 82). Vor dem Wind hängt die Position zueinander vom scheinbaren Wind ab. Auf jeden Fall beginnt man wieder

Abbildung 83

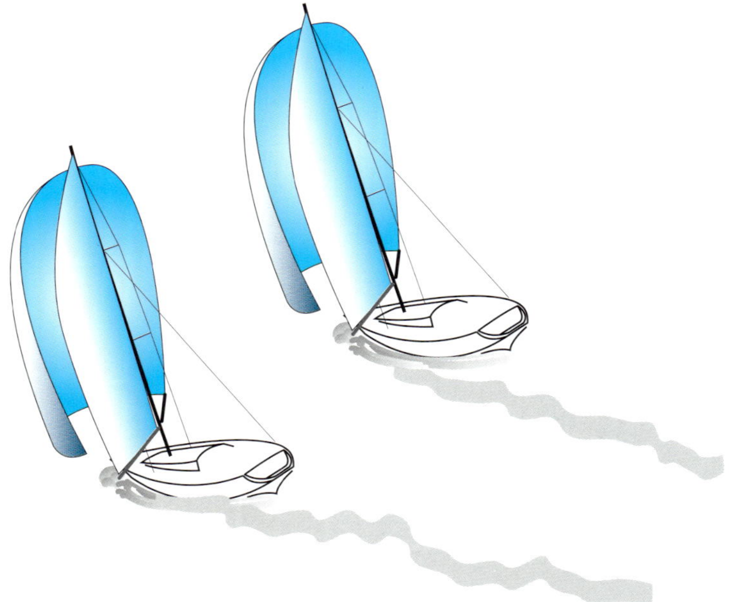

Vor dem Wind hängt die Ausgangsposition des Doppeltests vom scheinbaren Wind ab. Starten Sie wieder mit zwei Bootslängen Abstand.

Vergleich der gesegelten Geschwindigkeit mit einer vorher theoretisch berechneten.

mit zwei Bootslängen Distanz (Abbildung 83). Versuchen Sie, das Tempo des anderen Bootes mitzuhalten. Ist ein Schiff deutlich schneller als das andere, kann dies hinsichtlich des Trimms sehr aufschlussreich sein, sofern man die Geschwindigkeitsdifferenz ordentlich protokolliert (zum Beispiel: eine Bootslänge in zwei Minuten).

Verändern Sie nach dem Testlauf einen kritischen Parameter, etwa den Trimm des Mastes oder die Position des Schotholepunktes.

Auf dem zweiten Boot darf nichts neu eingestellt werden, damit Sie beim nächsten Durchgang sinnvolle Vergleichswerte erzielen.

Besprechen Sie am Ende der Testreihe Ihre Resultate und ordnen Sie ihnen verschiedene Ursachen zu. Am besten wiederholt man vor diesem Hintergrund einige Probeläufe.

10.2 Die gutgemachte Geschwindigkeit

Einen guten Gradmesser für die Leistung Ihres Bootes bietet die gutgemachte Geschwindigkeit, bekannt als VMG (Velocity Made Good). Das ist die Geschwindigkeit, die das Schiff in die Richtung eines Ziels macht, sei es gegen den Wind oder raumschots in Windrichtung. Die VMG soll so groß wie möglich sein.

Kreuzen Sie gegen den Wind auf, sind verschiedene Kurse möglich (Abbildung 84). Sie können höher steuern, was Geschwindigkeit kostet, oder voller segeln, um gute Fahrt zu machen. Allerdings gibt es bei verschiedenen Wetterbedingungen jeweils nur einen Kurs, der die maximal schnelle Annäherung an ein Ziel ermöglicht. Das ist, abgestuft nach Windstärke, die günstigste wahre Geschwindigkeit, die höchste VMG.

Raumschots haben Sie ebenfalls die Wahl: höher am Wind segeln und mehr Fahrt erreichen oder abfallen und einen kürzeren Weg zum Ziel nutzen (Abbildung 85). Doch auch bei raumen Kursen gibt es nur einen Einfallswinkel des Windes und eine wiederum nach Windstärke abgestufte Bootsgeschwindigkeit, mit der Sie schnellstmöglich Ihr Ziel erreichen, also die optimale VMG.

Von allen denkbaren Kursen zum Wind, die

Abbildung 84

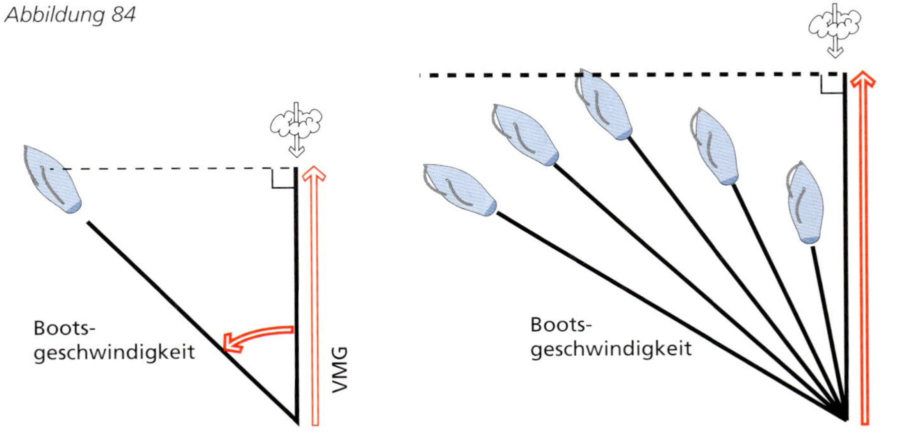

Am Wind gibt es eine optimale Kombination von Geschwindigkeit und Kurs zum Wind.

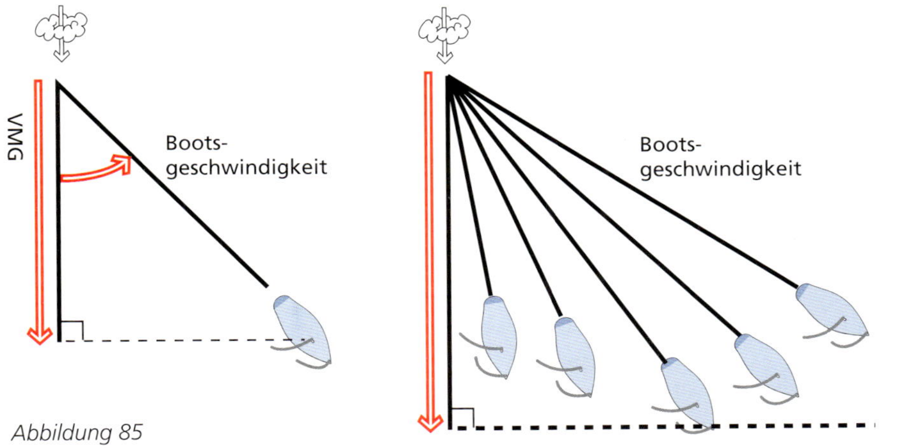

Abbildung 85

Raumschots gibt es eine optimale Kombination von Geschwindigkeit und Kurs zum Wind.

Sie mit Ihrem Boot bei einer bestimmten Windgeschwindigkeit zurücklegen sowie von deren zugeordneter Bootsgeschwindigkeit können Sie eine Grafik erstellen, das heißt, ein Polardiagramm Ihres Schiffes angesichts der (wahren) Windstärke anfertigen (siehe Abbil-

Abbildung 86

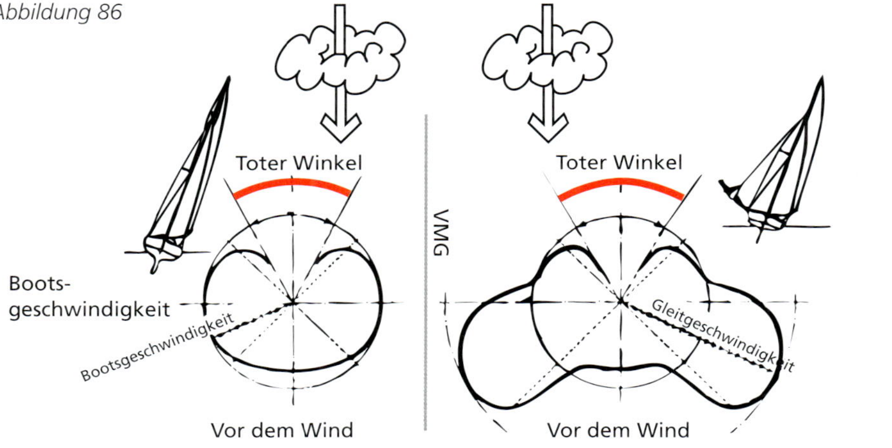

Das Polardiagramm einer Yacht. *Das Polardiagramm einer Jolle.*

Um ein Polardiagramm zu erstellen, arbeitet man mit dem wahren, nicht mit dem scheinbaren Wind.

dung 86). Boote, die überwiegend Regatten segeln, verfügen neben ihrem Messbrief meist zusätzlich über ein Polardiagramm. Man kann sich das Diagramm auch selbst erarbeiten: Steuern Sie Ihr Boot bei einer konstanten Windgeschwindigkeit über alle besegelbaren Striche der Kompassrose und notieren Sie für jeden Strich die Geschwindigkeit. Diese übertragen Sie dann auf Kreissegmente, rechts für die Kurse über Steuerbord und links für die über Backbord. Sie können zusätzlich auch noch die Geschwindigkeiten für Raumschotskurse unter Spinnaker eintragen.

Gleiches gilt für Bootsgeschwindigkeiten bei anderen konstanten Windstärken. Nicht zu vergessen: Es dreht sich hier um den wahren Wind. Die Stärke des scheinbaren Windes verändert sich natürlich mit jeder Kursänderung. Um es grafisch deutlich zu machen: Auf der x-Achse des Diagramms in Abbildung 87 steht die tatsächliche Bootsgeschwindigkeit, auf der y-Achse die VMG. Die optimale VMG liegt

Abbildung 87

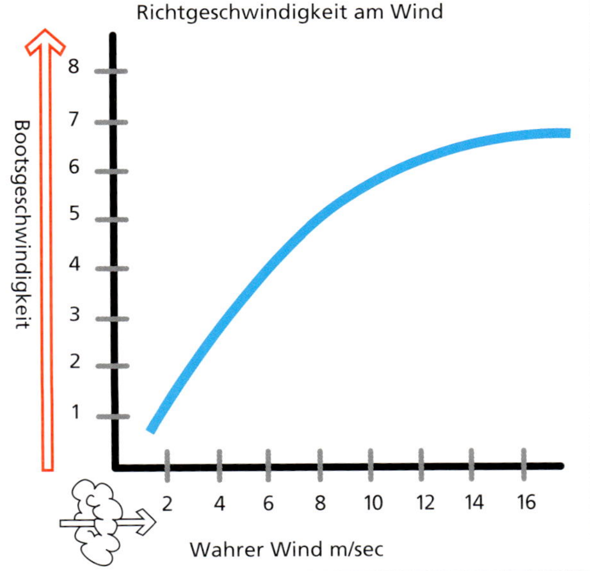

Zusammenhang von Bootsgeschwindigkeit und wahrem Wind.

demnach bei dem Punkt, der am weitesten von der x-Achse entfernt ist.
Den Wert der gemessenen optimalen Geschwindigkeit nennt die Fachwelt »Richtgeschwindigkeit«. Das ist die Geschwindigkeit, die Sie unter den jeweils gegebenen Umständen erreichen wollen. Die Bedingungen dafür sind die wahre Windgeschwindigkeit und der Einfallswinkel des Windes. Nimmt der Wind zu und damit auch die Bootsgeschwindigkeit, dann wird auch die Richtgeschwindigkeit größer. Umgekehrt nimmt die Richtgeschwindigkeit ab, wenn der Wind abflaut.
Segeln Sie anhand von Richtgeschwindigkeiten, luven Sie an, wenn Ihr Boot zu schnell wird und fallen ab, falls es zu langsam ist. Wie gesagt, beim VMG geht es nicht um absolute Geschwindigkeiten; angestrebt wird die schnellste Fortbewegung in Richtung auf ein Ziel. Dabei muss man auch die Seegangsstärke berücksichtigen. Auf glattem Wasser zum Beispiel dürfte ein Boot seine Richtgeschwindigkeit erreichen und höher laufen können. Der gemittelte Winkel zum Wind ist kleiner als auf rauem Wasser, wo man abfallen muss. In beiden Fällen bleibt jedoch das Prinzip der VMG erhalten.

10.3 Richtgeschwindigkeiten

Sobald Sie für verschiedene Windgeschwindigkeiten ein Polardiagramm erstellt haben, können Sie die Richtgeschwindigkeit beispielsweise für Amwindkurse in Beziehung zur wahren Windgeschwindigkeit setzen (siehe Abbildung 87). In einer solchen Darstellung unterscheidet man drei wichtige Sektoren:

Richtgeschwindigkeiten

TW	upwind boatspeed	downwind boatspeed	tw angle
2	2.22	1.82	132
4	3.45	2.95	141
6	4.38	4.05	143
8	5.67	5.23	145
10	6.11	5.98	148
12	6.22	6.63	154
14	6.31	6.80	165
16	6.39	7.05	170
18	6.48	7.65	172
20	6.59	8.02	173
22	6.66	8.41	174
24	6.78	8.62	175

Abbildung 88

gering (hier zwei bis acht Knoten wahrer Wind), mittel (acht bis zwölf Knoten) und hoch (über zwölf Knoten).

Gering: Bei geringen Windgeschwindigkeiten verläuft die Kurve der Grafik sehr steil in Annäherung an eine Gerade. Das bedeutet, dass die Richtgeschwindigkeit fast genauso schnell wächst wie die Windgeschwindigkeit. Eine relativ kleine Veränderung der Windstärke wird also eine spürbare Veränderung der Richtgeschwindigkeit hervorrufen.

Hoch: Sobald der wahre Wind auffrischt und sich das Boot seiner Rumpfgeschwindigkeit nähert, verläuft die Kurve immer stärker tangential zu einem bestimmten Maximum. Hier nimmt die Richtgeschwindigkeit trotz wachsender Windgeschwindigkeit nur noch minimal zu.

Mittel: In diesem Übergangsgebiet beschreibt die Kurve der Grafik eine gekrümmte Linie, den so genannten »Am-Wind-Buckel«. Der ist wichtig, weil viele die meiste Zeit bei diesen Windstärken segeln.

Auf Vorwindkursen ist in erster Linie interessant, bei welchen Windwinkeln Sie angesichts einer bestimmten Windstärke die optimale VMG zu Ihrem Ziel in Lee haben. So können Sie dann die besten Kurse beim »Kreuzen vor dem Wind« festlegen.

10.4 Bestimmen der eigenen Richtgeschwindigkeiten

Es ist praktisch unmöglich, die exakten Richtgeschwindigkeiten für sein Schiff selbst zu bestimmen. Nützlich ist, einen IMS-Messbrief des eigenen oder eines vergleichbaren Bootes zu haben. Darin finden sich für eine Reihe häufiger Windgeschwindigkeiten die optimalen VMGs für Kurse gegen den Wind und mit dem Wind. Verfügen Sie nicht über eine derartige Hilfe, können Sie aufgrund protokollierter Erfahrungen eine improvisierte Liste erstellen. Wenn Sie das konsequent angehen, dürften sich mit dem Verbessern Ihrer Segelkenntnisse auch die Werte der Richtgeschwindigkeiten optimieren. Abbildung 88 zeigt eine selbst erarbeitete Tabelle von Richtgeschwindigkeiten. Hier stehen »TW« für die wahre Windgeschwindigkeit, »upwind« für die VMG der Amwindkurse und »downwind« für die VMG der Vorwindkurse. Unter »tw angle« sind Winkel zum wahren Wind verzeichnet.

Am besten hängen Sie die Tabelle an einen Platz, wo sie Steuermann und Segeltrimmer gut sehen können. Wie man die Liste gebraucht, wird im Folgenden anhand der Aufgabenverteilung von Rudergänger und Trimmern erklärt:

Der Steuermann kontrolliert die wahre Windgeschwindigkeit.

Nun ermittelt der Steuermann die dazugehörende Richtgeschwindigkeit.

Der Steuermann vergleicht Richtgeschwindigkeit und tatsächliche Bootsgeschwindigkeit. Ist die Bootsgeschwindigkeit zu niedrig, fällt der Rudergänger ab und meldet den Trimmern, dass die Schoten gefiert werden müssen. Beschleunigt das Boot zur gewünschten Richtgeschwindigkeit, kann angeluvt und erneut getrimmt werden.

Ist die Bootsgeschwindigkeit zu hoch, luvt der Rudergänger an, um das Tempo zu drosseln, und lässt die Trimmer ihre Schoten etwas dichter holen.

Der Rudergänger orientiert sich weiter am wahren Wind; der beschriebene Ablauf beginnt von vorn.

Nach einiger Zeit dürften sich die Trimmer an diesen Zyklus gewöhnen und selbst die Bootsgeschwindigkeit, den wahren Wind und die Richtgeschwindigkeit im Blick haben. Sie werden dann auf die Veränderungen des Steuermanns eingehen können. Auf diese Weise entsteht ein perfekt eingespieltes Team, wie es für das Erreichen der besten Bootsgeschwindigkeit unabdingbar ist.

Für die optimale Beherrschung eines Bootes müssen Steuermann und Trimmer bestens aufeinander abgestimmt sein.

11 Der Vergleich von Segelleistungen

In den vorhergehenden Kapiteln ist ausführlich dargestellt, wie Sie aus Ihren Segeln die maximale Leistung holen können. Trotzdem ist ein anderes Schiff manchmal schneller, obwohl es die gleiche Länge in der Wasserlinie hat. Wieso?
Um Geschwindigkeiten und Trimm mit anderen Booten zu vergleichen, kann man beispielsweise bei verschiedensten Wetterbedingungen viele Regatten segeln. Allerdings muss man bei dieser Methode voraussetzen, dass die Crews einander ebenbürtig sind. Eine umständliche Vorgehensweise, die wenig objektive Ergebnisse liefern wird.
Es gibt auch andere Wege, um zu ermitteln, was Sie von Ihrem Boot erwarten können. So kann man sich mithilfe einiger Daten und Formeln ein relativ genaues Bild von den Segelleistungen einer Yacht machen.*

11.1 Vergleich von theoretischen Werten

Berechnungen auf Papier eignen sich wirklich ganz gut, um Yachten zu vergleichen. Dafür brauchen Sie eine Reihe fester Parameter: die Länge und Breite des Schiffes in der Wasserlinie, das Gewicht unter Segeln und die größte Segelfläche am Wind. Diese Punkte reichen aus, um wichtige Konstellationen zu berechnen, die den Charakter des untersuchten Schiffes gut beschreiben. Sie können damit feststellen, in welche Kategorie sich Ihr Boot im Verhältnis zu anderen Schiffen einordnen lässt: etwa als schwer oder leicht, schlank oder breit, steif oder rank, über- oder untertakelt und schließlich als schnell oder langsam.
Selbstverständlich hängt das Ergebnis der Rechnerei von der Zuverlässigkeit der Daten ab. Viele Zahlen in Werbebroschüren entsprechen oft nicht der Wirklichkeit. Vor allem wird die Angabe des Gewichts gern nach unten geschummelt. Besser Sie kümmern sich selbst um verlässliche Fakten.
Die wichtigsten Maße, die Sie immer wieder brauchen, sind:
- die Länge in der Wasserlinie (LWL);
- die Breite in der Wasserlinie (BWL);
- die Verdrängung (D, von deplacement);
- die maximale Segelfläche am Wind (SA, von sail area).

Diese Werte dividiert man, wodurch sich dann dimensionslose Verhältniszahlen ergeben. Mit solchen Werten kann man Kennzahlen verschiedener Boote besser vergleichen. Ein Beispiel ist das klassische, schon im 19. Jahrhundert bei Schiffbauern populäre Verhältnis zweier Werte:

Die Wurzel aus maximaler Segelfläche geteilt durch die Länge der Wasserlinie ist 1.

Oder anders ausgedrückt: Die Wurzel aus Segelfläche steht im Verhältnis eins zu eins zur Wasserlinie, ausgedrückt in der Formel

Dieses Kapitel basiert auf einer Artikelserie in der niederländischen Fachzeitschrift Waterkampioen (Jan Slijper, 1989).

SPECIFICATIONS		
L.O.A.	40' - 6"	12.34 m
L.W.L.	34' - 10"	10.62 m
Beam	13' - 6"	4.11 m
Draft (Fin Keel)	6' - 9"	2.06 m
Draft (Wing Keel)	5' - 0"	1.52 m
Ballast	7200 lbs.	3262 kg
Displacement	18,000 lbs.	8154 kg
Engine	38 HP	4 Cylinders
Sail Area (100% Fore)	808 sq. ft.	75.07 m²
I	52' - 8"	16.05 m
J	15' - 6"	4.72 m
P	47' - 0"	14.33 m
E	17' - 0"	5.18 m

All measurements are approximate and subject to change without notice.

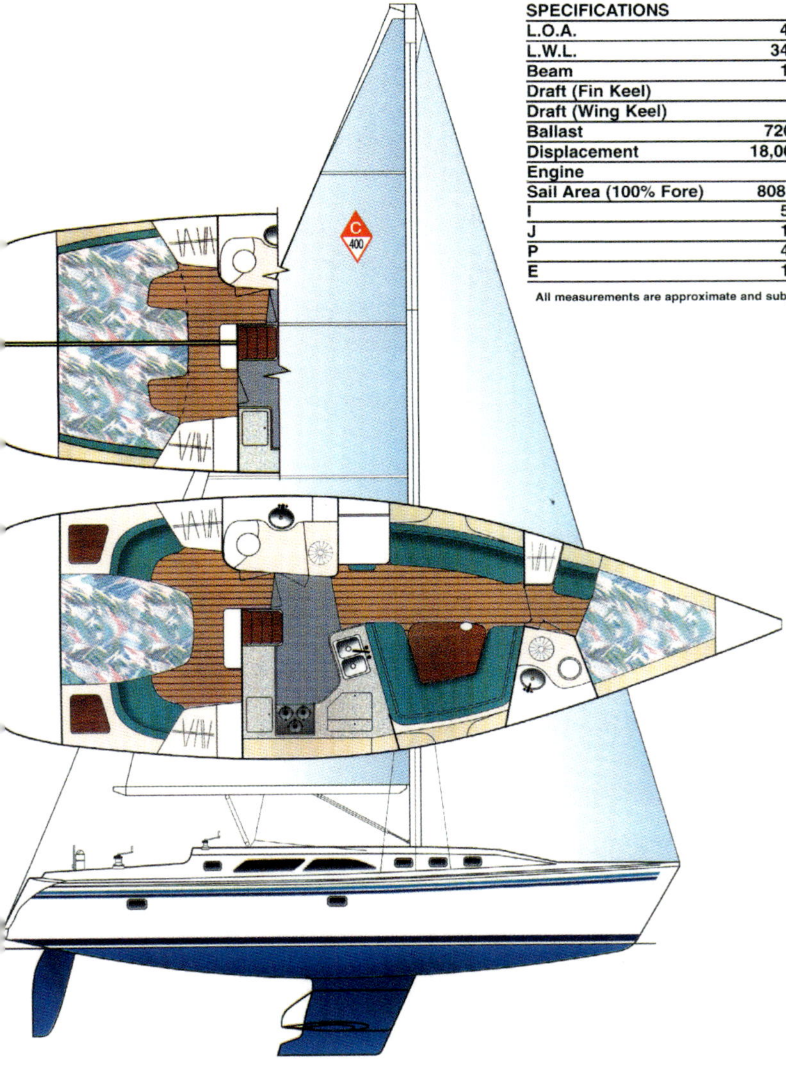

Eine Werbebroschüre enthält viele Informationen über Abmessungen. Allerdings ist eine Überprüfung oft angeraten, um die Segeleigenschaften eines Bootes genau charakterisieren zu können.

$\sqrt{SA}/LWL=1$. Der Nenner erscheint in Metern, der Zähler als Wurzel aus Quadratmetern. So ist das Ergebnis des Bruchs dimensionslos.

Dieses Verhältnis ergibt ein Maß, mit dem bestimmt werden kann, ob eine Yacht bezogen auf ihre Wasserlinie relativ viel oder wenig Tuch trägt. Die heute üblichen Werte liegen zwischen 0,9 und 1,0.

11.2 Die relative Geschwindigkeit

Fast alle Segler kennen den Ausspruch »Länge läuft«. Das heißt: Die Länge der Wasserlinie eines Bootes ist für seine Geschwindigkeit ausschlaggebend. Der Rumpf eines Schiffes hat eine maximale Geschwindigkeit, die so genannte Rumpfgeschwindigkeit (Vr). Die Beziehung zwischen Rumpfgeschwindigkeit und Länge in der Wasserlinie (LWL) wird in folgender Formel festgehalten: $Vr = 2{,}43\ \sqrt{LWL}$. Vr wird in Knoten und LWL in Metern ausgedrückt.

Diese Formel gilt nur für Verdränger. Das sind Yachten, die in jeder Phase der Fahrt ihr Gesamtgewicht als Wassermasse verdrängen müssen. Für Gleiter und Halbgleiter kann diese Formel nicht angewendet werden. Diese Boote bleiben jetzt außer Betracht.

Neben einer theoretischen Maximalgeschwindigkeit wird ein Boot auch immer eine bestimmte konstruktionsbedingte Eigengeschwindigkeit haben, die Bootsgeschwindigkeit (Vb). Das Verhältnis zwischen Vb und Vr ergibt die relative Geschwindigkeit, ein Maß für den Widerstand, den der Rumpf im Was-

Je länger die Wasserlinie bei Krängung aufgrund der Überhänge wird, desto höher ist die Rumpfgeschwindigkeit.

ser überwinden muss. Dieser Widerstand nimmt beträchtlich (mehr als quadratisch) zu, wenn sich die Bootsgeschwindigkeit (Vb) der Rumpfgeschwindigkeit (Vr) annähert. In dem Augenblick, wo Vb gleich Vr wird, hat die relative Geschwindigkeit einen Wert von 2,43.
Gleiter erreichen eine relative Geschwindigkeit, die höher als dieser Wert ist. Eine Kajütyacht mit Ballast kommt nie ins Gleiten. Eine relative Geschwindigkeit von 2,9 gilt heutzutage als Maximalwert. Dieser Wert kann auch noch höher liegen: bei besonderen Wetterbedingungen, beim Surfen von Wellen herab und bei extremen Bootskonstruktionen.
Hoch am Wind liegt die relative Geschwindigkeit bei idealem Wetter bei höchstens 2,18; in der Regel eher zwischen 1,95 und 2,05. Dabei muss man allerdings berücksichtigen, dass wegen der Überhänge die so genannte effektive Länge in der Wasserlinie unter Krängung größer sein kann als die Entwurfswasserlinie, auf der das Schiff ohne Krängung liegt.
Konstrukteure drücken die relative Geschwindigkeit gern in einem Prozentsatz der maximal

Eine moderne Yacht mit einem kleinen Längen- / Breitenverhältnis in der Wasserlinie.

erreichbaren, relativen Geschwindigkeit aus. Eine relative Geschwindigkeit von 2,05 entspricht einer Bootsgeschwindigkeit von 85 Prozent der Rumpfgeschwindigkeit mit dem Wert 2,43. Diese Form der prozentualen Darstellung ist recht anschaulich.

Mit »schnell« oder »langsam« definieren wir, ob ein Schiff wenig oder besonders viel Wind braucht, um eine bestimmte relative Geschwindigkeit zu erreichen. Ob es zum Beispiel in der Lage ist, bei mittlerem Wind auf einem Amwindkurs eine relative Geschwindigkeit von 85 Prozent zu realisieren. Schnell bedeutet auch, dass ein Schiff in einer Bö flott beschleunigt. Bei einem langsamen Boot wird sich die Bootsgeschwindigkeit dagegen träge entwickeln.

11.3 Schlank oder breit?

Ob ein Boot als schlank oder breit einzuordnen ist, wird durch einen Verhältniswert beschrieben: Länge in der Wasserlinie (LWL) geteilt durch Breite in der Wasserlinie (BWL). Beispielsweise beträgt der Wert für ein Binnenschiff zehn, sechs für Seeschiffe und drei für Segelyachten. Näher betrachtet liegt die Ziffer für eine durchschnittliche Tourenyacht zwischen 2,8 und 3,2. Ein Boot mit einem LWL/BWL-Verhältnis kleiner als 2,8 wird als breit, ein Schiff jenseits der 3,2 als schlank bezeichnet.

Ein breites Boot segelt wegen des höheren Formwiderstands, den es seiner Rumpfform verdankt, nicht so hoch am Wind wie ein schlankes Schiff mit gleicher Länge in der Wasserlinie. Das breite kann bei viel Wind auf raumen Kursen jedoch schneller als das schlanke sein; und sei es nur, weil auf einem breiten Schiff nicht so früh gerefft werden muss.

Ein schlankes Schiff hat, bei vergleichbarer Kielform, eine ausgeprägtere Kursstabilität und bewegt sich weicher im Seegang. Aber es segelt auch nasser. Ein breites Schiff kann mit weniger Ballast auskommen. Es ist formstabil, was sich durch ein relativ kleines LWL/BWL-Verhältnis zeigt. Die Formstabilität ist auch von anderen Faktoren abhängig, zum Beispiel von einer scharfen Kimm.

11.4 Steif oder rank?

Komfortables Segeln hängt unter anderem von einer ausreichenden Stabilität der Yacht ab. Ob ein Schiff schnell krängt, verrät das Verhältnis von Segelfläche (SA) zur Breite in der Wasserlinie (BWL), ausgedrückt in der Formel $\sqrt{SA/BWL}$. Daraus ergibt sich für ranke Schiffe mit geringer Anfangsstabilität ein Wert größer als drei. Sie müssen daher früher die Segel reffen als ein steifes Boot mit großer Anfangsstabilität.

Ein steifes Boot reagiert ziemlich abrupt auf eine einfallende Bö, was viele in der Praxis als recht lästig empfinden. So dürften die meisten Tourensegler mittlere Werte von $\sqrt{SA/BWL}$ bevorzugen, die zwischen 2,4 und drei liegen.

11.5 Schwer oder leicht?

Das Gewicht pro Meter Wasserlinie gibt einen Anhaltspunkt, ob ein Schiff als schwer oder leicht einzustufen ist. Dieses Verhältnis errechnet sich aus dem Verhältnis Verdrängung (D) dividiert durch die Länge der Wasserlinie (LWL): D/LWL.

Im Allgemeinen wird die anglo-amerikanische Rechenweise vorgezogen: $D/(0{,}0328\ LWL)^3$, wobei D in Kubikmetern und LWL in Metern erscheint. Der Multiplikator 0,0328 erklärt

Mit Berechnungen auf Papier kann man verschiedene Bootstypen miteinander vergleichen.

sich als Umrechnungsfaktor vom britischen in das metrische, europäische System. Je größer der Wert, den Sie mit der Formel erhalten, desto schwerer ist das Schiff in Bezug auf seine Wasserlinie.

Mit dem errechneten Wert muss man allerdings eine konkrete Vorstellung verbinden, sonst bleibt er eine abstrakte Zahl. So ergab sich beispielsweise ein durchschnittlicher Wert von 216, gemittelt über sämtliche Yachten, die ein niederländisches Fachblatt in der zweiten Hälfte der achtziger Jahre testete.

Das Verhältnis zwischen Gewicht und Länge beantwortet nicht die Frage, ob ein schweres oder leichtes Boot seetüchtiger ist. Roll- und Schlingerbewegungen einer schweren, schmalen Yacht sind meist besser zu ertragen als die eines leichten, breiten Schiffes.

Eine gut trainierte und erfolgshungrige Regattacrew auf einem extrem leichten Boot wird mit Fahrkomfort nicht viel im Sinn haben. Das sieht bei einer Familie mit Kindern auf großem Törn meist ganz anders aus. Hier ist man besser bedient mit einem D/LWL-Verhältnis um 300, auch wenn ein Schiff mit solch einem Wert ab und zu Spritzwasser an Deck hat und nicht so schnell segelt.

11.6 Schnell oder langsam?

Die Formel $\sqrt{SA}/\sqrt[3]{D}$ drückt das Verhältnis von Segelfläche (SA) zur Verdrängung (D) aus und zeigt, ob ein Boot als schnell oder langsam einzustufen ist. Das Ergebnis ergibt ein Maß für die Größe der Segelfläche bezogen auf die Tonne Schiffsgewicht oder den Kubikmeter Wasserverdrängung.

Die Wurzelrechnung wird hier wiederum nur angewandt, um im Ergebnis eine dimensionslose Zahl zu erhalten. Sie wird auch Segelkoeffizient genannt und gibt Auskunft über das Geschwindigkeitspotenzial eines Bootes. Mit anderen Worten: Wir haben damit einen Anhaltspunkt für die Fortbewegungsfähigkeit und das Beschleunigungsvermögen einer Yacht.

Viel Segelfläche pro Tonne Gewicht macht ein Boot schon bei wenig Wind schnell, aber auch zu einem Kandidaten für frühes Reffen. Ein Übermaß an Verdrängung deutet dagegen auf ein langsames Schiff, das in einer Bö träge Fahrt aufnimmt und viel Wind braucht, um sein normales (relatives) Tempo zu erreichen.

Beim ganz überwiegenden Teil der Kajütyachten liegt der Segelkoeffizient zwischen 4,2 und 5,0. Je niedriger dieser Wert, desto langsamer ist das Boot, je höher der Koeffizient, desto schneller ist es.

11.7 Die Matrix der Segelleistungen

Jeder Typ Yacht entwickelt einen ganz spezifischen Charakter, der sich aus einer Anzahl von Faktoren entwickelt, die durch Verhältnisse von Parametern ausgedrückt werden können. Die eben beschriebenen Verhältnisse stehen untereinander in Beziehung und haben erst in ihrer Kombination entscheidenden Einfluss auf die Leistungen eines Segelschiffs. Sinnvoll darstellen kann man diese in einem Diagramm in der Form einer Matrix. Es geht darin um folgende Parameter: Länge in der Wasserlinie (LWL), Segelfläche (SA) und Verdrängung (D), von denen in Form der besprochenen Verhältniszahlen ausgegangen wird. Das so erhaltene Diagramm wird »Matrix der Segelleistungen« genannt (Abbildung 89).

Um zu einer anschaulichen Grafik zu kommen, muss man einen kleinen Rechentrick benutzen. Wir wissen bereits, dass wir beim Erstellen von Verhältnissen frei sind, wenn nur das Ergebnis eine dimensionslose Zahl liefert. Von dieser Freiheit machen Sie Gebrauch und führen einen umgekehrten Wert vom Verhältnis Verdrängung und Länge in der Wasserlinie,

Ein langes, schmales und leichtes Boot verfügt über ein hohes Geschwindigkeitspotenzial.

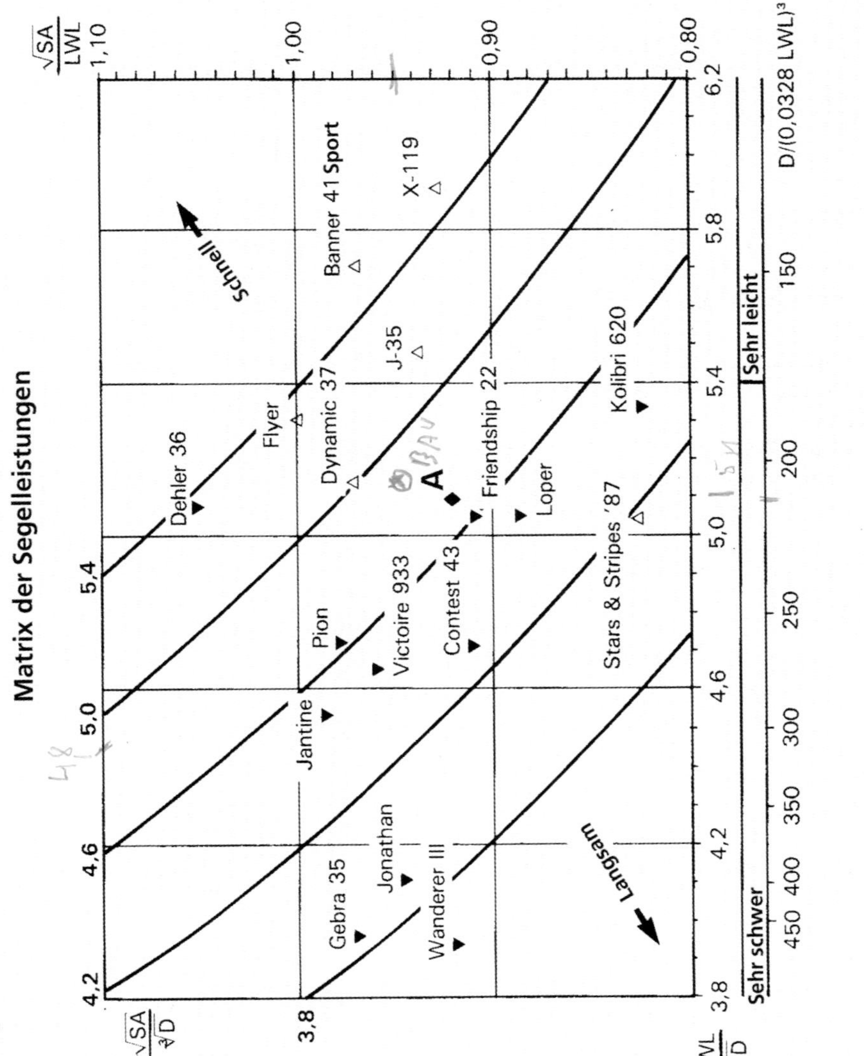

Abbildung 89

D/LWL, ein: nämlich $LWL/\sqrt[3]{D}$. Das Ergebnis drückt immer noch die Wasserverdrängung pro Meter Wasserlinie aus, allerdings rechnerisch auf den Kopf gestellt. So erhalten Sie kleine Zahlen, die auf schwere Schiffe deuten, und große Werte für leichte Boote. In der Matrix (Abbildung 89) finden Sie nun eine Reihe von Yachten, die in der Vergangenheit getestet wurden. Auf der horizontalen Achse stehen die nach der eben erläuterten Methode erzielten Ziffern und darunter die traditionell errechneten Werte für D/LWL. Auf der vertikalen Achse ist das oben besprochene Verhältnis $\sqrt{SA/LWL}$ eingezeichnet.
Ausgehend von $\sqrt{SA/LWL} \times LWL/\sqrt[3]{D} = \sqrt{SA}/\sqrt[3]{D}$ können Sie jetzt bei jedem ausgewählten Wert eines Segelkoeffizienten eine zugehörige Linie in die Matrix zeichnen. Damit ist auch die dritte Verhältniszahl sichtbar geworden und die Matrix fertig für den Gebrauch.

Plattbodenschiffe sind komfortabel. Sie würden im linken Teil der Matrix erscheinen.

Betrachten Sie beispielsweise die Einheitsklasse Pion. Aus ihren Daten ergab sich der $LWL/\sqrt[3]{D}$-Wert 4,68. Für $\sqrt{SA/LWL}$ errechnet sich 0,97. Nun suchen Sie in der Matrix den Schnittpunkt zweier gedachter Linien: Eine horizontale vom Punkt 0,97 auf der vertikalen Achse und eine vertikale vom Punkt 4,86 auf der horizontalen Achse. Wo sich beide Linien treffen, ist der Ort von *Pion* in der Matrix. Auf solche Weise kann man ganz verschiedene Yachten im Schaubild lokalisieren. Sogar extreme Boote wie etwa die *Flyer*, mit der Connie van Rietschoten das Whitbread Race gewann, oder ein America's Cupper wie die *Stars & Stripes* finden darin ihren Platz.

Die schweren Boote erscheinen im linken und die leichten im rechten Teil der Matrix. Schiffe mit großer Segelfläche rangieren in der oberen, Schiffe mit wenig Tuch in der unteren Hälfte der Grafik. Schnelle Yachten finden sich daher oben rechts und langsame Boote unten links.

Auf den ersten Blick wird nun klar, welche Schiffe ein hohes Geschwindigkeitspotenzial besitzen, wobei man vor Augen haben muss, dass es hier ausschließlich um Geschwindigkeit im Verhältnis zur Wasserlinie geht. Die Position der *Pion* etwa lässt sich so interpretieren: Das Schiff kann bei drei bis vier Windstärken dieselbe relative Geschwindigkeit erreichen wie die Friendship 22. Absolut verfügt die *Pion* aber aufgrund ihrer größeren Länge in der Wasserlinie und damit höherer Rumpfgeschwindigkeit über ein größeres Geschwindigkeitspotenzial.

Die Matrix ist immer dann besonders aussagekräftig, wenn Yachten mit ungefähr gleicher Wasserlinienlänge verglichen werden sollen. Nehmen Sie etwa die X-119 und die Banner 41 Sport. Geht man von ihrem fast übereinstimmenden SA/D-Verhältnis aus, haben beide ein identisches Geschwindigkeitspotenzial. Die X-119 verdankt dies vor allem ihrem geringen Gewicht und nicht so sehr der Segelfläche. Mithalten kann die Banner dennoch, weil sie ihr größeres Gewicht durch etwas mehr Tuch kompensiert.

Einen ähnlichen Vergleich kann man mit der Dehler 36, der Dynamic 37 und der J-35 anstellen, alle mit nahezu identischer Länge in der Wasserlinie. Die Dehler schuldet ihren hohen Platz in der Matrix einer großen Segelfläche bei drei bis vier Beaufort. Bei mehr Wind dürfte sich indessen die J-35 gegen beide Konkurrenten durchsetzen.

Diese Beispiele zeigen, wie die Matrix ausgewertet werden kann, um sich in einem gewissen Rahmen die Segeleigenschaften von Kajütyachten vor Augen zu führen. Da ein paar für die Segelleistung wichtige Aspekte von der Grafik nicht erfasst werden können, wie etwa die Art der Takelung, die Möglichkeiten zum Trimm, die Form des Rumpfes sowie das Können der Crew, weist die Matrix Grenzen der Einordnung von Booten auf.

Wollen Sie die Matrix sinnvoll nutzen, müssen Parameter wie Länge in der Wasserlinie, Segelfläche oder Verdrängung genau bekannt sein. Daten aus Faltblättern bieten nicht immer zuverlässige Werte. Die Zahlen von der Werft sind genauer; eine Regattavermessung, etwa für IMS, liefert exakte Angaben.

Auch über den Segelkomfort einer Yacht kann die Matrix etwas aussagen. Die Schiffe, die im linken Teil der Grafik auftauchen, sind relativ schwer und haben im Verhältnis dazu wenig Segelfläche. Für eine sichere und angenehme Langfahrt empfiehlt sich ein D/LWL-Verhältnis von ungefähr dreihundert. Bei diesem Komfort büßt man dafür leider Segeleigenschaften ein.

Der Punkt A in der Matrix ist der Mittelwert von 27 Schiffen, die in den achtziger Jahren konstruiert wurden.

Anhang
1 Trimmtabellen

Trimmtabelle eines toppgetakelten Mastes

Amwindkurs

	Schwacher Wind (1 – 2 Beaufort)	Mäßiger Wind (3 – 4 Beaufort)	Starker Wind (über 5 Beaufort)
Vorliek Groß	lose	durchgesetzt	steif durchgesetzt
Unterliek Groß	lose	durchgesetzt	steif durchgesetzt
Achterliek Groß	etwas offen	geschlossen	offen
Großschot	etwas gefiert	dicht	maximal dicht
Niederholer	lose	etwas durchgesetzt	lose
Traveller	nach Luv	mittschiffs	nach Lee
Mast	gerade	etwas gebogen	maximal gebogen
Achterstag	gefiert	durchgesetzt	steif durchgesetzt
Vorliek Fock	lose	durchgesetzt	steif durchgesetzt
Unterliek Fock	maximales Profil	etwas Profil	flach
Achterliek Fock	etwas offen	geschlossen	offen
Schotholepunkt Fock	vorn innen	Mitte innen	etwas achtern, etwas außen

Raumschotskurs

	Schwacher Wind (1 – 2 Beaufort)	Mäßiger Wind (3 – 4 Beaufort)	Starker Wind (über 5 Beaufort)
Vorliek Groß	maximal lose	maximal lose	lose
Unterliek Groß	maximal lose	maximal lose	lose
Achterliek Groß	geschlossen	geschlossen	etwas offen
Großschot	gefiert	gefiert	gefiert
Niederholer	etwas durchgesetzt	durchgesetzt	steif durchgesetzt
Traveller	nach Lee	nach Lee	nach Lee
Mast	gerade	fast gerade	etwas gebogen
Achterstag	gefiert	knapp gefiert	etwas dicht
Vorliek Fock	maximal lose	maximal lose	nicht zu steif
Unterliek Fock	maximales Profil	maximales Profil	maximales Profil
Achterliek Fock	geschlossen	geschlossen	etwas offen
Schotholepunkt Fock	vorn etwas außen	vorn etwas außen	vorn außen

Das Vorsegel ist aufgerollt, um Knicke im Tuch zu vermeiden.

Trimmtabelle eines fraktionell getakelten Mastes mit Backstagen

Amwindkurs

	Schwacher Wind (1 – 2 Beaufort)	Mäßiger Wind (3 – 4 Beaufort)	Starker Wind (über 5 Beaufort)
Vorliek Groß	lose	durchgesetzt	steif durchgesetzt
Unterliek Groß	lose	durchgesetzt	steif durchgesetzt
Achterliek Groß	offen	fast geschlossen	offen
Großschot	etwas gefiert	dicht	maximal dicht
Niederholer	lose	dicht	maximal dicht
Traveller	nach Luv	mittschiffs	nach Lee
Mast	gerade	etwas gebogen	maximal gebogen
Achterstag	gefiert	durchgesetzt	steif durchgesetzt
Luvbackstag	etwas durchgesetzt	stark durchgesetzt	steif durchgesetzt
Vorliek Fock	lose	durchgesetzt	steif durchgesetzt
Unterliek Fock	maximales Profil	etwas Profil	flach
Achterliek Fock	etwas offen	geschlossen	offen
Schotholepunkt Fock	vorn innen	Mitte innen	etwas achtern, leicht außen

Raumschotskurs

	Schwacher Wind (1 – 2 Beaufort)	Mäßiger Wind (3 – 4 Beaufort)	Starker Wind (über 5 Beaufort)
Vorliek Groß	maximal lose	maximal lose	lose
Unterliek Groß	maximal lose	maximal lose	lose
Achterliek Groß	geschlossen	geschlossen	etwas offen
Großschot	gefiert	gefiert	gefiert
Niederholer	etwas dicht	dicht	maximal dicht
Traveller	nach Lee	nach Lee	nach Lee
Mast	gerade	fast gerade	gebogen
Achterstag	gefiert	gefiert	dicht
Luvbackstag	etwas gefiert	etwas durchgesetzt	stramm durchgesetzt
Vorliek Fock	maximal lose	maximal lose	lose
Unterliek Fock	maximales Profil	maximales Profil	maximales Profil
Achterliek Fock	geschlossen	geschlossen	etwas offen
Schotholepunkt Fock	vorn etwas außen	vorn etwas außen	vorn außen

Trimmtabelle eines offenen Bootes

Amwindkurs

	Schwacher Wind (1 – 2 Beaufort)	Mäßiger Wind (3 – 4 Beaufort)	Starker Wind (über 5 Beaufort)
Vorliek Groß	lose	etwas durchgesetzt	steif durchgesetzt
Unterliek Groß	lose	etwas durchgesetzt	steif durchgesetzt
Achterliek Groß	etwas offen	geschlossen	offen
Großschot	etwas gefiert	dicht	dicht
Niederholer	gefiert	etwas dicht	dicht
Traveller	nach Luv	mittschiffs	nach Lee
Mast	gerade	etwas gebogen	maximal gebogen
Salingwinkel	groß	normal	klein
Mastkontroller	maximal achtern	neutral	maximal vorn
Vorliek Fock	lose	durchgesetzt	steif durchgesetzt
Unterliek Fock	maximales Profil	etwas Profil	flach
Achterliek Fock	geschlossen	geschlossen	offen
Schotholepunkt Fock	vorn innen	Mitte innen	etwas achtern, etwas außen

Raumschotskurs

	Schwacher Wind (1 – 2 Beaufort)	Mäßiger Wind (3 – 4 Beaufort)	Starker Wind (über 5 Beaufort)
Vorliek Groß	maximal lösen	maximal lösen	lösen
Unterliek Groß	maximal lösen	maximal lösen	lösen
Achterliek Groß	geschlossen	geschlossen	etwas offen
Großschot	gefiert	gefiert	gefiert
Niederholer	leicht dicht	dicht	maximal dicht
Traveller	nach Lee	nach Lee	nach Lee
Mast	gerade	fast gerade	etwas gebogen
Vorliek Fock	maximal lösen	maximal lösen	lösen
Unterliek Fock	maximal lösen	maximal lösen	maximal lösen
Achterliek Fock	geschlossen	geschlossen	etwas offen
Schotholepunkt Fock	vorn	etwas vorn, etwas außen	vorn außen

2 Glossar

Auftrieb	Nutzkraft, die durch ein Profil erzeugt wird, und die senkrecht zur Strömungsrichtung wirkt.
Backwinding	Auswölben des Großsegels direkt hinter dem Mast, weil der Druck in Lee des Segels größer ist als in Luv. Folge eines zu engen Spalts.
Backstagen	Schräg nach achtern verstellbare Stagen an einem fraktionell getakelten Rigg, die in gleicher Höhe wie das Vorstag am Mast angreifen. Sie halten das Vorstag unter Spannung und stützen den Mast.
Barberholer	Vorrichtung, mit dem der Zugwinkel einer Schot verändert wird, um den Anstellwinkel eines Segels oder seine Form besser trimmen zu können.
Baumniederholer	Vorrichtung, die den Baum nach unten zieht und ihn beim Segeln in seiner waagerechten Lage hält.
Checkstays	Hilfsbackstagen, eine zusätzliche Stütze für lange, fraktionell getakelte Masten.
Cunningham	Leine durch ein Auge knapp über dem Segelhals, um die Spannung des Vorlieks zu regulieren.
Drucksalinge	Salinge, die unter einem Winkel nach achtern gepfeilt am Mast befestigt sind. Durch Spannung auf den Oberwanten üben die Salinge Druck aus, der den Mast nach vorn biegt.
Fraktionelle Takelung	Art des Riggs, bei der das Vorstag ein Stück unter dem Masttopp endet, wie z.B. beim 7/8- oder 9/10-Rigg.
Holepunkt	Der Punkt an Deck, durch den die Vorsegelschot mit optimalem Schotenzug zur Plicht geführt wird. Er sitzt meistens beweglich auf einer Schiene.
Groove	Die Marge des Steuermanns am Wind zwischen zu hoch segeln (Killen des Segels) oder zu weit abfallen (Überziehen des Segels).

Lateraldruckpunkt	Druckpunkt am Unterwasserschiff, auf den sämtliche Kräfte des Unterwasserschiffes kombiniert einwirken.
Leegierigkeit	Die Neigung des Bootes, mit dem Bug vom Wind wegzudrehen, abzufallen.
Liekleine	Dünne Leine im Achterliek eines Segels.
Luvgierigkeit	Neigung des Bootes, mit dem Bug in den Wind zu drehen, anzuluven.
Mastbiegung	Das Vermögen eines Mastes, ihn längsschiffs oder querschiffs zu krümmen, wenn man die entsprechenden Trimmvorrichtungen betätigt.
Mastkontroller	Vorrichtung, um die Biegung des Mastes bei einem offenen Boot zu regulieren. Greift in Höhe des Lümmelbeschlages von vorn am Mast an und wirkt über eine Stange oder Talje.
Mastfall	Neigung des gesamten Mastes in Längsschiffsrichtung.
Prebend	Voreinstellung der Mastbiegung.
Reffbändsel	Kleine Leinen in Höhe der Reffaugen des (Groß-)Segels, mit denen nach dem Reffen das lose Tuch auf den Baum gebunden wird.
Relative Geschwindigkeit	Das Verhältnis zwischen Rumpfgeschwindigkeit und tatsächlicher Geschwindigkeit im Moment einer Messung.
Rollfock	Vorsegel, das aus der Plicht teilweise oder vollständig aus- und eingerollt werden kann.
Rumpfgeschwindigkeit	Theoretische maximale Geschwindigkeit eines Verdrängers. Ausschlaggebend ist die Länge der Wasserlinie des Schiffes.
Saling	Metallprofil oder Rundholz an beiden Seiten des Mastes, das die Wanten querschiffs spreizt. Dient zur Stabilisierung des Mastes.
Scheinbarer Wind	Die Resultierende aus wahrem Wind (Geschwindigkeit/Richtung) und Fahrtwind (Geschwindigkeit/Kurs) des Schiffes.
Segeldruckpunkt	Eine Stelle des Segels, an der sich alle wirksamen physikalischen Segelkräfte vereinigen.

Spalt	Die Lücke zwischen Vor- und Großsegel.
Spinnaker-Achterholer	Eine Leine vom Hals des Spinnakers, die, verbunden mit dem Spinnakerbaum, in Luv des Bootes gefahren wird. Nach dem Schiften wird der Achterholer zur Schot.
Spinnaker-Schot	Eine Leine vom Schothorn des Segels, die in Lee außen um die Wanten nach achtern führt. Nach dem Schiften wird die Schot zum Achterholer.
Talje	Kombination von Tauwerk und Blöcken (Flaschenzug), die große Zugkräfte ermöglicht.
Traveller	Meist rollengelagerter Wagen auf der Travellerschiene, über den das holende Ende der Großschot läuft.
Trimmfäden/Windfäden	Streifen von Spinnakertuch oder Wollfäden am Segel, die den Strömungsverlauf des Windes sichtbar machen.
Twist	Verwindung der Segelfläche in vertikaler Richtung.
Upwash	Phänomen der Luftströmung. Bei Annäherung an ein Profil werden Luftmoleküle zur Unterdruckseite des Profils gesogen, wodurch sich der Einfallswinkel der Strömung vergrößert.
Venturi-Effekt	Zunahme der Geschwindigkeit strömender Luft in einem Engpass.
Vertikale Formverteilung	Veränderung der Form eines Segels vom Unterliek zum Topp.
Vorliekwinkel	Winkel zwischen Sehne und Tangente an der Vorliekwölbung eines Vorsegels.
Wahrer Wind	Stärke und Richtung des Windes in der Natur.
Windgradient	Zunahme der Windgeschwindigkeit zwischen Deckshöhe und Masttopp.
Windscherung	Unterschiedlicher Einfallswinkel des Windes auf Deckshöhe und im Masttopp.